中公新書 1670

池内　紀著

ドイツ　町から町へ

中央公論新社刊

まえがき

ドイツの町や村は、おどろくほど個性がある。通りや建物、広場、民家の屋根や壁の色、窓のつくり……。土地ごとにはっきりとした様式があって、それがみごとな造形美を生み出している。何百年にもわたる住民の意志といったものを感じさせる。

歴史的な背景があってのことだ。ヨーロッパのなかでもドイツでは、とりわけ都市が大きな自治権をもっていた。ひところは「帝国都市」とよばれる独立した都市が五十あまりもあった。自分たちの自衛権、選挙権、立法権をもち、自由な経済活動をおこない、みずからの法のもとに、みずからで裁いた。これが強い自治意識を育ててきた。

現在もそうである。法律がはっきりと自治権を保障している。自分たちの町は自分たちでつくる。「お上《かみ》」にたよらない。また介入させない。土地の伝統や風習を子孫に伝えていくのも欠かせない自治の一つなのだ。国家にあずけず、また商業資本に売り渡さない。

リューベック、ブレーメン、フルダ、ライプツィヒ、リューネブルク、ドレスデン、パッサウ……。いずれも古い歴史をもつ町だ。大いに栄えたが、わが国の尺度でいうと、中都市あるいは小都市にあたる。べつに好んで大都市にならなかった。町の規模を競うなど愚かしい。人間的尺度に応じた大きさ、あるいは小ささがいいのであって、それをこえると快適さを失うだけでなく、都市が人間を困惑させ、疲れさせ、ときには威嚇《いかく》してくる。そのことを人々はよく知っている。

町に着くと、私はまず、その町の中心にあたる市庁舎前の広場に行く。かつて郵便馬車が荷を積み下ろししたところ。そこにはきっと噴水がある。どんな仕掛けによるのか、水が美しい弧をえがいている。上に聖人が十字架をかざしていたり、天使が頬杖《ほおづえ》をついていたりする。そんな広場に面して、古めかしいホテルがあるものだ。ミシュランの星の数は多くないが、壁のつくりや、ドアの手ずれぐあいからも由緒がわかる。一階がレストランを兼ねていて、夜は町の人々のサロンになる。

部屋をとり、シャワーをあびて、着換えをする。それから散歩に出る。ほんの少しだが偵察に出る兵士の心もちだ。ひと巡りしてもとの広場にもどってくる。とたんにその町と、なにやら縁ができたぐあいだ。あらためてまわりを見廻すと、噴水の水盤に顔が刻んである。頬をふくらませた幼な子と並び、知恵深い老人がいて、その口からも澄んだ水があふれ、白銀色の線を描いている。

そんなふうにして町から町へ巡っていった。

ドイツ　町から町へ　　目次

まえがき　3

I　北ドイツ

II 中部ドイツ

III 南ドイツ

ドイツの各州とその州都

ドイツ　町から町へ

写真　池内　紀

I　北ドイツ

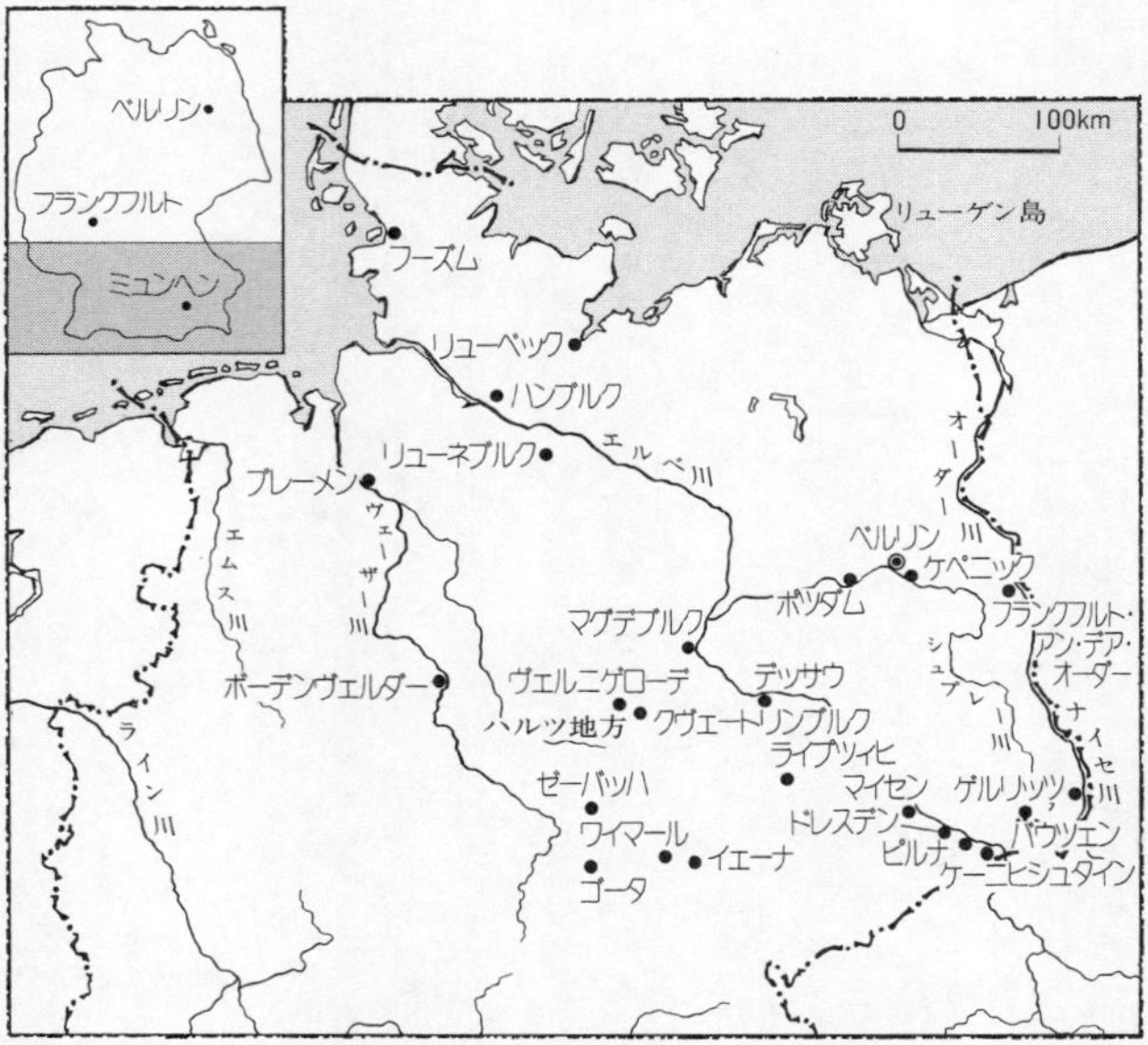
ベルリン
フランクフルト
ミュンヘン
0　100km
リューゲン島
フーズム
リューベック
ハンブルク
リューネブルク
エルベ川
ブレーメン
ヴェーザー川
エムス川
オーダー川
ベルリン
ケペニック
ポツダム
フランクフルト・アン・デア・オーダー
マグデブルク
ボーデンヴェルダー
ヴェルニゲローデ
デッサウ
ハルツ地方
クヴェードリンブルク
シュプレー川
ライン川
ライプツィヒ
ナイセ川
ゼーバッハ
マイセン
ゲルリッツ
ドレスデン
バウツェン
ワイマール
ピルナ
イエーナ
ケーニヒシュタイン
ゴータ

リューゲン島

リューゲン島はドイツ最北の島である。島の最北点がアルコナ岬だ。人間はなぜか、こういった先っぽに憧《あこが》れるらしく、リュックサックを背負ったのが、はるばるとやってくる。しかし、リューゲン島は、いつまでも最北の島でいられない。いつの日かアルコナ岬にとって代わって、べつの岬が最北地点になっているだろう。というのはバルト海に浮かぶ島や半島は、たえず動いているからだ。地図をながめると、なんとも異様な地形をしているのがよくわかる。クラゲの手というか足というか、ヒョロリとしたのがたよりなげにのびていて、それぞれの背や腹のあたりから、タラリと垂れたような低地がのびている。

夏のあいだバルト海の浜辺には、竹のかごを立てたような小屋ができる。避暑客がやってくる。ドイツ人にとっては数少ない海水浴場だ。

人の姿が見えるのはほんの一角だけであって、あとは荒涼とした原野である。とりわけフォアポンメルン州の北端は特異な風土をしている。バルト海から吹きつける強い風と荒い波が、一方の陸地を削りとり、砂と石とを運んで、べつのところに土地をつくってきた。地球の誕生のころと同じ陸地形成のいとなみが、いまも間断なくつづいている。カマキリが首をもたげたようなダルス半島の記録によると、この三百年のあいだに二・五キロメートルにわたり海岸が長くなった。

もし〝自然のまま〟というなら、これほど自然そのままのところもない。ドイツ人は「砂の鉤《かぎ》（ザントハーケン）」といったよび方をするが、海に向かって長大な鉤のように砂地がのびている。生まれたての土地は白い泡のかたまりのようだ。やがてそこに草が生え、雑木がのび、鳥たちがやってくる。ある島はカワウが棲みついて、自分たちの王国をつくった。望遠鏡で見ると、数千、数万の黒点をちらしたようにカワウが木々にとまっている。

リューゲン島の西隣のヒッデンゼー島は、全島が荒野で、わずかに松に似た低木があるだけだ。風土のせいと思っていたが、実はそうではなく、かつては森林がつづいていた。十三世紀に修道院をつくる際、すべて伐《き》り倒した。以来、造林を試みても木が育たない。

これまでは人間を寄せつけないところだった。貧しい地方の代名詞にもなっていた。いまやエコロジーが時代の合い言葉であって、自然との共存が叫ばれている。バルト海の荒野が見直されて、一九九〇年、国立公園に指定された。皮肉なことに、人の往来がにぎやかになって、〝自然のまま〟が怪しくなってきた。宿の主人が嘆いていた。以前は「こびとツバメ」とよばれる小さなツバメが飛びまわっていたものだが、近ごろめっきり見なくなった。

フーズム

最北の港町――フーズムはそんなキャッチコピーがぴったりだ。北海に面していて、デンマークとの国境に近い。人口は約二万六千。
ふつうなら、ただそれだけの町であるが、詩人・小説家のテオドーア・シュトルムがここに生まれた。生まれたことだけではなく、生涯の多くをここで過ごし、この町で死んだ。詩人の存在は偉大である。町のイメージを美しく定めた。人をひきつける点において、一つの詩は町の観光予算よりも、はるかに強いのだ。

灰色の浜と灰色の海のほとりに
町がある
霧が屋根をつつみこみ
深い静けさのなかに
波音だけがひびいている

森に小鳥が鳴き交わすこともなく、ただ秋の夜ふけに渡り鳥が鋭く鳴きながら飛んでいくだけ。荒涼とした北の港町が詩を通してまざまざと目に浮かんでくる。

実際はそれほどでもない。アドルフ伯爵という領主の建てた城があって、現在は公園になっており、うっそうとした繁《しげ》みで小鳥がにぎやかにさえずっている。シュトルムの生家のある広場は人々のさんざめきの場であって、市場がひらかれ、少年たちがサッカーボールを蹴《け》とばしていた。居酒屋は昼間から満員で、ドアが開くと腸づめの匂《にお》いがただよってくる。

しかし、文学がつくりあげたイメージの方が強烈だ。『みずうみ』『聖ユルゲンにて』『海の彼方より』といったシュトルムの小説には、いつも灰色の海があり、どこまでもつづく荒野に濃い霧がたちこめている。「白馬の騎士」といって、古いゲルマンの伝説がある。冬至のころ、三本足の馬に乗って白衣の騎士があらわれるというのだ。伝説はドイツ各地につたわっているが、シュトルムが名作『白馬の騎士』を書きのこしたばかりに、いまやフーズムの専売特許になってしまった。たしかにものさびしい北海の浜辺は、ふしぎな騎士があらわれるのによく似合っている。

シュトルムは法律を学び、はじめは弁護士、ついで判事になった。そのため事件や犯罪に、人一倍の関心があったのだろう。町に変わり者の人物がいて、水辺で馬から落ち、行方不明になった。そんな事件からゲルマン伝説をむすびつけて小説にした。

町の郊外の教会に少年の肖像画が掲げられていた。目の大きな男の子が黒い死者の服を着て立っている。足元に「召使ノ不注意ニヨリ溺死《できし》セリ」とラテン語でしるしてあった。死を悲しんで両親が奉納したらしい。シュトルムは散歩のおりにでも、その絵を見たのだろう。短篇の一つは、水に沈む少年を語っている。

リューベック

リューベックは北ドイツきっての港町だが、ドイツにおなじみのように、直接、海に面していない。船は川づたいに上がってくる。さらに運河で内陸部と結ばれている。

中世このかた、リューベックは海の商都として繁栄した。バルト海の盟主といった役まわりだ。いまも町には美しい商館や銀行や保険会社が軒《のき》をつらねている。教会には海上安全を祈願したミニチュアの船が奉納されている。

特有の船員服と帽子があって、これを身につけると、なかなか威厳がある。服は丈夫だし、帽子は防寒に役立つので、年金生活者とおぼしい老人が愛用している。だから公園のベンチ

リューベックの船員会館

は船長さんの勢揃《せいぞろ》いだ。一等航海士とマドロスパイプがチェスを指している。

町には名の知れた豪商がいて、誇らかに紋章をつけた船がバルト海を往きかいした。栄枯盛衰は世のならいで、時代の変化とともに主役が入れかわる。ノーベル賞作家トーマス・マンは、まの悪いときに生まれ合わせた。豪商マン家が左前になり、ついには破産する。十八歳のトーマスは母親とともにミュンヘンに移り、書店の店員になった。

リューベックのギムナージウム（高等学校）に入ったころは、まだ家が辛《かろ》うじて体面を保っていたころだ。多感な少年は、わが家の没落を感じとっていたのだろう。そのせいか学校では、おとなしい劣等生で、二度落第した。そして中退して故郷を出ていった。

自分の一族をモデルにした小説でデビューしたのは、二十六歳のときである。そこでは「ブッデンブローク家」の名のもとに、マン家の興亡がつぶさに語られていた。初代や二代目はエネルギーあふれて、たくましい。三代目、四代目となると、上品な、趣味のいい、洗練された紳士となり、とともに商売は下り坂をころげていく。

現在、かつての商館跡に「マン兄弟文学館」がつくられた。兄のハインリヒも著名な作家だったので、兄弟を記念している。ともに長篇小説を得意にした。六百頁、八百頁、三部作ともなると二千頁にあまる。トーマス・マンのデビュー作『ブッデンブローク家の人々』自体、どっしりとした大作だ。

町の生徒たちが先生につれられて見学にやってくる。たいていは放任主義なので、陳列室に生徒たちを放りこむと、先生は受付の女性とおしゃべりしている。リンゴをとり出し、ジーパンのおしりでごしごしこすって、そのままかぶりついた。生徒のほうも故郷の偉人はそっちのけで、てんでに勝手なことをしている。トーマス・マンの名作『トニオ・クレーガー』には、少年愛の二人が出てくるが、実地にやらかしているのがいて、なんともにぎやかだ。

リンゴを食べ終わると、先生が解説をした。生徒たちは、うずくまったり、寝そべったりして聞いていた。そのうち、先生が小説の実物をとり出した。商人の帳簿のようにぶ厚い小説『魔の山』があらわれると、生徒たちはいっせいに「オー」といった。「こりゃ、すげえ」といったところだ。手にもって、重さにまた歓声をあげた。決して読むことはないだろうが、ズシリとした重さは、いつまでも覚えているのではなかろうか。

フランクフルト・アン・デア・オーダー

フランクフルトは世界的な金融都市だが、ドイツにはフランクフルトが二つある。一つはおなじみのフランクフルト・アム・マイン、もう一つはフランクフルト・アン・デア・オーダー。おしりに川の名前をつけて区別する。アムとなったり、アン・デアとなったりするのは言語上の約束であって、町の大小とは関係がない。

「フルト」はもともと「渡船場」といった意味で、フランク族の渡し場である。川のほとりから発展したことがうかがえる。マイン川はドイツ中部、オーダー川は北の辺境、そんな位置の相違が一方を名うての国際都市にして、もう一つを忘れられたような町にした。

ドイツとポーランドの国境をよく見ると、川が国を分けている。北の方はオーダー（オーデル）川、南にさかのぼるとナイセ川。国境をめぐる争いを川で解決した。陸とちがって水の帯は、はっきり二つに分けている。

フランクフルト・アン・デア・オーダーは、ブランデンブルク州にあって、人口八万あまり、海抜二十二メートル。由緒ではマイン川沿いのフランクフルトにひけをとらない。さらに地図をよく見ると、運河のマークが西へ向かってのびている。低地であるのが幸いした。運河でもってオーダー川とベルリンを結びつけた。バルト海へも川づたいで行ける。そのため、これほどの内陸にありながらハンザ同盟に加わり、貿易で繁昌した。ドイツとポーランドを結ぶ街道の要所でもある。十六世紀はじめ、北ドイツで最初の大学が置かれた。ウルリヒ・フォン・フッテンやトーマス・ミュンツァーといった宗教改革で活躍する人物が教えたり学んだりしていたから、神学が中心だったのだろう。もっとも有名な学生は、のちに作家・劇作家となったハインリヒ・フォン・クライストである。この町で生まれ、この町で成長し、そして大学に進んだ。しかし、誇り高い軍人貴族の家に生まれ、激しい野心に燃えていた青年には、オーダー河畔の小さな町と小さな大学が、どうにも我慢できなかったのだろう。二年あまりで退学して、生まれ故郷をあとにした。

町の人の自慢は市庁舎である。建築学では「煉瓦《れんが》造りゴシック様式」というようだが、赤味をおびた煉瓦でもって先端の細い建物をつくる。わが国でいえば「切妻《きりづま》式」にあたるが、町の人が自慢するだけのことはある。壮大な切妻の大屋根が天を二分するようにそそり立ち、五本指を突き出したような煉瓦のファサーデが正面を飾っている。十四世紀につくられた。そのころ、こんな大建築を実現するほど栄えていたのだろう。通商のほかに印刷技術で知られ、とりわけヘブライ文字の書物を一手に引き受けていた。ヘブライ語の聖典は、もっぱらこの河港の町から世に出ていった。大学神学の中心だったのが災《わざわ》いし、三十年戦争でさんざん痛めつけられ、顧客を失った。大学もよそに移され、以後はもの静かな小都市になった。町の人には市庁舎のほかにも自慢の種はあるのだが、観光客は市庁舎前でバスから降り、ひとしきり説明を聞いたあと、さっさと通り過ぎていく。

ベルリン

「ベルリンの壁」は二度、築かれた。よく知られているのは、いわゆる「ベルリンの壁」であって、一九六一年、当時の東ドイツ政府が東西ベルリンの境界に建てた。西ベルリンを経由して西側に移っていく人の流れを遮断《しゃだん》するためだった。いまなお生々しい二十世紀の歴史的事件である。

実はこれに先立つ二百年あまり前にも「ベルリンの壁」がつくられている。「軍人王」の異名のあったプロシア国王フリードリヒ・ヴィルヘルム一世が築いたもので、これもまたベルリンを守るためよりも、逃げ出そうとする人々を妨《さまた》げるためだった。東西冷戦下に「ベルリンの壁」を思いついた当事者たちは、ほろ苦く「歴史はくり返す」といった古来の格言を思い返していたのではなかろうか。

西ベルリンはながらく孤島のような存在だったが、このような都市のあり方はドイツ人にとって、さほど不思議でも奇妙でもないのである。現在ポーランドにあってグダンスクとよばれている港湾都市は、ドイツの自由都市ダンツィヒとして発展した。バルト海に面して「東プロシア」とよばれる広大な地域があった。哲学者カントは東プロシアの首都ケーニヒスベルクに生まれ、終生、ケーニヒスベルク大学で教えていた。ロマン派の作家ホフマンも同じくケーニヒスベルクに生まれ、ベルリンへ移ってきた。

ズデーテン・ドイツとよばれた地方はチェコ国内の大きな陸の孤島だった。ヒトラーはその地のドイツ人保護を名目にして強引に軍隊を進攻させた。

ベルリンの通りを歩いていると、いたるところにキオスクがあって、新聞、雑誌があふれている。どうかすると店や戸口を覆《おお》いつくして、店の人の姿が見えないほどだ。

それだけベルリンが情報を必要としているからだろう。いまにかぎられたことではなく、一九二〇年代には日刊紙だけで百種にあまる新聞が出ていた。なにしろ東西ドイツの分割から一九九〇年の統一まで、ベルリンには、あらゆるものが二つずつそなわっていた。大学、図書館、オペラ座、博物館、税務署、水道局……。生活上のすべてにわたり、東西にわかれ、ありとあらゆるものが双子のように揃《そろ》っていた。

三日もいると、この大都市の異様さがよくわかる。大通りに居並ぶ公共の建物ときたら、どれといわずばかでかいのだ。重苦しく威圧してくる。つまりが威圧するためにつくられた。政治的ショーウィンドウとして、たえず権力をみせつける。目に見えない「孤島」をかかえ、複雑な情勢にあって、問題を一手に引き受けなくてはならなかった。弱みをみせてはならないのだ。

一週間もいると、もっとよくわかる。ベルリンは大きな田舎である。シュプレー川をさかのぼって郊外へと出ると、ハーフェル湖には「孔雀《くじゃく》島」などとよばれる島があって、ロマン派の詩人が夢みたような宮殿がある。農家の庭先で、野菜のよりわけをしている人。頰《ほお》かむりした姿がグリム童話に出てくる糸つむぎのおばあさんとそっくりだ。

ながらくベルリンは建築ラッシュだ。念願のドイツ統一以来、西側の大資本がいっせいに入ってきた。「ベルリンの壁」跡地をはじめとして、新築、改築、修復のクレーンがひしめいている。街を歩くと、資本主義のすさまじさが肌身にしみてよくわかる。

そんなベルリンの一角、それも市中の一等地であって、目抜き通りのクーダム（クーアフュルステンダム）からすぐのところだ。いびつな台形をしていて、ながらく半壊の壁や、地中の煉瓦《れんが》がむき出しになっていた。だだっぴろい空地に草が繁《しげ》っていた。「プリンツ・アルブレヒト・ゲレンデ」といって、ナチス・ドイツ時代には、ここに秘密警察が置かれて、ゲシュタポやSS（親衛隊）本部が並び立っていた。当然のことながら、第二次大戦末期に連合国側の標的となり、猛烈な攻撃を受けた。徹底的に破壊され、ながらく瓦礫《がれき》の山に埋もれていた。通称「プリンツ・アルブレヒト通り八番地」、一九三三年から四五年までの十二年間、それは恐怖の代名詞だった。ひとたび体制側からにらまれると、まずここに連行された。社会主義者、共産党員、ユダヤ人、反ナチス運動に立ち上がった人々。小声でヒトラー批判を口にしただけのケースもあった。ある日、密告され、プリンツ・アルブレヒト八番地の陰気な建物の門をくぐった。

そのあと、大半の人が強制収容所へ送られた。あるいは形だけの裁判ののち処刑された。「拘引中に病死」とされた人もいる。のちに自殺と判明した。拷問《ごうもん》に堪《た》えきれなかったせいだろう。

この台形の一角は連合国側の標的となったが、それ以上に体制側にとって不都合なところだった。表ざたにしたくない事実がどっさりある。ベルリン大空襲に際し、ナチス秘密警察は多くの書類を焼いた。みずから建物を破壊し、土に埋めた。戦後の複雑な政治情勢のなかで、西側にも東側にも、またドイツ人にとっても、「プリンツ・アルブレヒト・ゲレンデ」

は不都合な名前になった。タブーとして誰も口にしない。うかつにふれると、どんな過去が露顕しないともかぎらないからだ。政・財界の要人のなかに、脛《すね》に傷もつ人が少なからずいた。

戦後四十年あまりして大がかりな発掘がはじまり、土の下から未知の地下室や、多くの独房が見つかった。元ゲシュタポ本部の壁にそって遊歩道がつけられた。簡素なつくりだが資料館が建てられ、パネル写真がひそかな実態を再現していた。拷問の場であった地下室や独房を見てまわることもできた。おぞましいかぎりのものだが、目をそらしてはならない歴史事実であるからだ。

ベルリンが新しく生まれかわった。そのなかで、かつての首都の恥部がどのように変貌したか、確かめてみるのもおもしろい。

ケペニック

ケペニックはベルリン・テンペル空港の西にあたる。現在はベルリン市の一部だが、以前は独立した町だった。市庁舎がものものしいつくりなのは、二十世紀はじめの帝国時代に建てられたせいだろう。シュプレー川の中洲《なかす》にケペニック城があって、博物館になっている。ただそれだけの町であって、わざわざ訪れるところではない。しかし、ドイツ人を知る上でケペニックを知っているのは悪いことではないかもしれない。

一九〇六年十月のことだが、十二人の歩兵小隊を引きつれた陸軍大尉がケペニック市庁舎にやってきて、市長の逮捕、並びに公金の押収を伝えた。市長が逮捕令状の提示を求めたとき、大尉は自分の軍服と武装した兵士を指さして答えたという。

「これが何よりの令状である。皇帝の命令を履行《りこう》するのに、これ以上たしかなものがあろうか?」

金庫の収納金を押収、兵士に市長以下の主だった者たちをベルリン衛兵所へ連行するように命じ、大尉はそのまま姿を消した。

やがて判明した。陸軍本部も警察も、ケペニック市長の逮捕など命じていなかった。すぐさま手配書がつくられたが、犯人は一週間あまり捕まらなかった。手配書がまるきりまちがっていたからである。証言にもとづいてつくられたところでは、さっそうとした三十代の若手大尉。現実は五十六歳、背の低いガニ股の、風采のあがらない中年男。名前をヴィルヘルム・フォイクトといって、ながらく失業中の身で、ベルリンの安宿に巣くっていた。そんな男が町の衣装屋で軍服を借りて、市の幹部たちをペテンにかけ、まんまと公金をまきあげた。

フォイクトは元靴職人で、ベルリンへ出てきて職探しをしていた。職にありつくためには住民票がいる。住民票を得るためには警察の滞在許可書がなくてはならない。滞在許可書を手に入れるためには、職についている旨の雇い主の証明が必要だった。その職にありつくためには住民票がなくてはならない――。

永遠のイタチごっこである。社会的管理システムのなかで、一介のアブレ者は閉め出しを食らっていた。ある日、決心したという。秩序と正義の名において不正がまかり通っている。この世には不正があるばかり。とすれば不正で対抗するしか生きるすべがないではないか。

ヴィルヘルム皇帝時代にヴィルヘルム・某のやらかした笑うべき事件である。帝国の柱である軍隊と官僚にいたずらをしかけ、あざやかに手玉にとった。人は軍服という権威の入れ物だけ見て、中身をさっぱり見ようとしない。

事件から二十四年後の一九三〇年、再び「ケペニック事件」が起きた。劇作家カール・ツックマイヤーが劇に仕立てて大当たりをとった。ヒトラーの率いるナチ党が選挙で大躍進した年であって、カギ十字のマークをつけた褐色《かっしょく》の制服集団が威力を見せつけていた。

ツックマイヤーの劇は、はっきりと示していた。いま一人の「ケペニックの大尉」が現れた。アドルフ・ヒトラーもまたほんの十年ばかり前は、ミュンヘンの安宿に巣くっていた失業者である。制服をぬげば、せいぜい演説がうまいだけの一人のペテン師ではあるまいか？

ヒトラー以下の面々は、この劇が自分たちにとって、都合の悪いものであることをよく知っていたのだろう。ナチスが天下をとると、喜劇『ケペニック事件』は禁書とされ、ツックマイヤーは亡命の途についた。

一九九六年、ケペニック区議会は大議論のあげく、町に一つの像を設置することを承認した。「自分たちの弱点を、つねづね思い出させてくれる偉人」としてである。そのため現在、ケペニックには、軍服を着て髭《ひげ》をはやした元靴職人の銅像が立っている。

ポツダム

ポツダムはベルリンのすぐ西どなりにあって、落ち着いた、ちいさな、美しい町である。しかし日本人には、あまりイメージがよくないだろう。世界史で「ポツダム宣言」のことを習った。一九四五年七月半ばから八月にかけて、米英ソの首脳がここに集まり、軍国ニッポンの処置をどうするか協議した。まるで知らないところで、自分たちの国の命運が決められた。

すでにベルリンは陥落、ドイツは降伏していた。そんなさなかに首脳が西どなりの町に集まった。ということはつまり、ベルリンは猛烈な爆撃を受けて瓦礫《がれき》の山と化していたが、ポツダムは無傷だった。連合国側は慎重に、この町を爆撃の目標から外《はず》していた。

ゆるやかな坂道を上がると、古い町並みに入っていく。小広場にブランデンブルク門がある。同じ名前のベルリンの建物が有名だが、ポツダムのほうが古い。ベルリンのブランデンブルク門はポツダムの門を、そっくりまねて大きくしただけである。

町の高台に十八世紀の半ば、フリードリヒ大王がサンスーシー宮殿を建てた。大王は隠居所を考えていた。生ぐさい権力の世界から身を引いて、ここでやすらかな余生をすごす。「サンスーシー」とはフランス語で「憂《うれ》いのない」といった意味である。「無憂宮」でのんびりと第二の人生を送るとしよう。

宮殿の壁いちめんにブドウ文様があるのは、南の国を夢見たせいだろう。前庭をブドウ園になぞらえ、階段状のテラスになっている。テラスの東側にある絵画ギャラリーは、絵の鑑賞用だけにつくられた世界で最初の建物だった。大王の代理人が諸国をかけめぐって、フランスやイタリアやフランドルの名画を集めてきた。

大王はフランス文化に憧《あこが》れ、自分もフランス語を話し、フランス名の宮殿に住んでいた。引退後は平和な余生をすごすはずだったが、案に相違して年ごとに気むずかしくなり、不機嫌で、癇癪《かんしゃく》もちの老人になっていった。名画の並ぶギャラリーを、陰気で孤独な老人が、フランス語でひとりごとを呟《つぶや》きながら行きつもどりつしている。召使たちが、おそるおそる見守っている——。これがひとところ、無憂宮におなじみの風景だった。

テラスの前の大きな池は、いつも満々と水をたたえている。高台の池までどうして水を運び上げたのだろう？

酔狂にも、あるとき私はそれが気になって調べてまわったことがある。そして南のハーフェル河畔にいきついた。トルコ風の優雅な建物があって、いまもそこからパイプで水を送っている。一八四二年、フリードリヒ大王の孫の代にあたるフリードリヒ・ヴィルヘルム四世が完成した。

大王にもできなかった偉業だと王はいばったそうだが、しかし、偉業でも何でもない。近代科学の成果であって、八十馬力の蒸気機関が長年の懸案を、いとも簡単に解決した。

散歩道　『三文オペラ』

ブレヒト作の芝居『三文オペラ』は、一九二八年八月、ベルリンで初演された。翌年十月二十四日の「暗黒の木曜日」、ニューヨーク株式市場の大暴落をきっかけにして世界的な恐慌がはじまった。ドイツでは記録的なインフレのあと、急速にヒトラーのナチズムが台頭した。

作者ベルトルト・ブレヒトは自作に合わせ、「『三文オペラ』のための注」を書いた。演出のこと、また登場人物の演じ方についても、こまごまと指示している。西欧には「どの時代も、それにふさわしい芸術をもつ」といった意味の言い回しがあるが、『三文オペラ』は、まさしく時代の映し絵というものだった。ブレヒトはイギリスに伝わる『乞食オペラ』を借用して、社会の底辺にうごめく悪党たちをとりあげた。それによって同時代の社会構造を、手ひどく槍玉《やりだま》にあげた。というのはブルジョワ社会そのものが、つまるところ合法的な悪党集団にほかならないからである。

主人公メキ・メッサー、人よんで「どすのメック」は、たくましい男である。肩幅がひろく、太い首に蝶ネクタイ、たてじまのダブルの背広をりゅうと着こみ、細身のステッキをたずさえている。厚い胸板、いかにも精力的な禿頭。彼は自分の悪行についてただされたとき、こういった。

「……大企業の背後には銀行がひかえています。銀行強盗に使うドリルなど、銀行の株券にくらべれば子供だましです。銀行強盗など銀行設立に比べれば、なにほどのことがありましょうか？　男一匹殺すのと、男一匹飼い殺しにするのと、どちらがたちが悪い

でしょう」（岩淵達治訳）

たしかに芝居であるが、舞台の上で演じられ、拍手とともに幕が下りて終わる芝居ではなかった。観客席に及んできて、見る者の意識を変え、さらには世界を変える方法について、何かを教えるはずのものだった。だからこそ作者は、こまごまと演技にわたってまで注文をつけた。

『三文オペラ』のベルリン初演は大当たりして、空前のロングランをつづけた。もっともそのロングランを支えたものはブルジョワ社会の紳士や淑女たちだった。手ひどく諷《ふう》刺《し》された張本人である。彼らはてんでに着飾って、手には白い手袋をはめ、夜ごとにいそいそとやってきた。芝居ではクルト・ワイルの音楽による唄がいくつも歌われるが、幕が下りたのち、人々はカフェに寄り道をして、コーヒーを飲みながら劇中の唄を口ずさんだ。芝居のたのしさが作者を裏切ったわけである。

ドイツにいくと、いまもきっとどこかの町の劇場が『三文オペラ』を上演している。ジャズと手風琴《てふうきん》がまじり合ったメロディが流れてくる。強い者による弱者の搾取《さくしゅ》とか、権力と金力の闇《やみ》取引とか、悪党が栄誉につつまれる顚末《てんまつ》とか、舞台で起こることが、いつもこの世で起きているからだ。

ボーデンヴェルダー

正式の名はカール・フリードリヒ・ヒェロニムス・フライヘア・フォン・ミュンヒハウゼンと長ったらしい。しかし、誰もこんな名前ではよばない。知られているのは「ほら吹き男爵」である。絵本にもなっていて、世界中の子供が親しみ、一生忘れない。

フライヘアは「男爵」といった意味で、ミュンヒハウゼン家は北ドイツ・ニーダーザクセン地方の名門だった。ボーデンヴェルダーという町の庁舎は、もともとはミュンヒハウゼン家の屋敷で、ほら吹き男爵は一七二〇年にそこで生まれた。むろん、幼いころはほら吹きでも何でもなかったから、きちんと正式の名でよばれていた。

ニーダーザクセンの大公とロシア皇帝とのかかわりから、青年男爵はロシアへ赴《おもむ》き、ペテルブルクの宮廷で軍人として仕えた。ほら話によくロシアが出てくるのは、そのせいである。フィンランドとの戦いや、トルコ戦争で活躍して中隊長にまでなったが、宮廷間でいざこざが起こり、三十歳のとき、やむなく故郷に帰ってきた。

ボーデンヴェルダーは人口三千あまりの小さな町である。北ドイツは冬が長い。春と夏が短く、秋には深い霧にとざされる。近くの森でキノコをとったり、狩りをしたり、川で釣りをするほか、何もすることがない。広大なロシアから小さな町に帰ってきた男爵は退屈した。おそろしく退屈した。『ほら吹き男爵の冒険』は、この退屈から生まれた。

裏山に小さな建物をつくり、そこをサロンにした。冬の夜ながに暖炉《だんろ》の前で、ロシアやトルコでの武勇談を話してきかせた。

一面の雪原を、馬に橇《そり》を引かせて走っていたところ、狼《おおかみ》があらわれた。やにわに馬にかみつき、尻から丸呑みにした。ついには馬をそっくり食べてしまった。委細かまわず鞭《むち》を振ってペテルブルクに到着。人々は目を丸くした。なにしろ馬ではなく狼が橇を引いている。

トルコ戦争のとき、発射された大砲の弾にひらりとまたがって、空中高くとんだそうだ。敵陣に一人で降りるのは危険とわかったので、トルコ側から射ち出された弾に乗りうつり、首尾よく自陣にもどってきた。

はじめは事実にもとづいていたものが、身ぶり手ぶり入りで話しているうちに、しだいに大げさになり、いつのまにか、たのしいほら話になったのだろう。人々は大笑いした。口づたえに伝えられ、いつしか国中にひろまった。

本が出たとき、当人にはおもしろくなかったようである。自分がからかわれたような気がしたらしい。はげしく作者をののしった。年とともに男爵は不機嫌になり、怒りっぽい老人になっていった。

ボーデンヴェルダーの町の公園に、馬にまたがった男爵の像がある。馬は前の泉で水を飲んでいるが、胴がまっ二つにチョン切れていて、飲んだ水が腹から流れ出る。胴半分だけの馬を、ミュンヒハウゼンがどのようにして乗りこなしたか、おはなしを読んだかたはごぞんじだろう。

ハンブルク

ハンブルクは大きなアルスター湖をつつみこむように町並みができており、旧市、新市、倉庫町といったふうに分けられている。旧市と新市の境がゲンゼマルクト、「鵞鳥《がちょう》広場」といった意味である。

そこに一つの像がある。立派な台座に腰を掛け、左手に本をもち、やや肩をいからしぎみにして上空を仰いでいる。

手の本からもわかるが、文人であって政治家や将軍ではない。劇作家ゴットフラム・レッシングである。一七六七年にハンブルク国立劇場がつくられたとき、レッシングは監督として招かれた。ここを拠点にして演劇界で大いに腕を振るうつもりでいたところ、客の入りが悪く、はやくも翌年に劇場は閉鎖されてしまった。記念像が多少とも肩肘《かたひじ》を張っているのは、矢のように降ってくる悪評のなかで、演劇の革新に孤軍奮闘していたころの名ごりかもしれない。

「鵞鳥広場」の名のとおり、そこで鵞鳥やニワトリや豚が売り買いされていた。いまはすっかり大都市に呑みこまれてしまったが、レッシングがいたころは狭い通りを荷馬車が往きかいして、賑《にぎ》やかなやりとりや罵声《ばせい》がとびかっていた。そんな人々が見たがる芝居と、レッシングがめざしたような近代劇とは、天と地ほどにちがっていただろう。劇場が一年ばかりでつぶれたのも、やむをえないところだった。

ハンブルクはベルリンについでドイツ第二の大都市だが、こころなしか旗色が悪い。フランクフルトやミュンヘンの後塵《こうじん》を拝している感じがする。もともとエルベ川の河港にひらけ、ハンザ都市の中核として発展した。川と海が車と航空にとって代わられ、商業よりも情報や文化がもてはやされる時代になって、都市全体が巨大な遺物に似てきたところがある。

はやくも十八世紀に、わざわざ尖鋭《せんえい》な演劇人を招いたように、ハンブルクは商いの町から脱皮しようと努めてきた。中央駅のすぐ前にあるハンブルク市立美術館は近代絵画のもっとも優れた蒐集《しゅうしゅう》をそなえている。レッシングでは失敗したが、二十世紀のハンブルク演劇は、グスタフ・グリュントゲンスといった名優を擁して、めざましい成果を上げた。

しかし、ハンブルクで世に聞こえているのは、やはり商業界の産物である。正確にいうと、商いのあとの慰安の方面で、歓楽街のパウリ通りとレーパーバーンが観光ガイドに欠かせない。パウリ通りが徳義の人であった聖パウルスゆかりの教会にちなんでいるのは皮肉なことだ。レーパーバーンの「レーパー」は「ザイル職人」の意味。もとは船につきもののナワをつくっていた。いまは女たちがワナをしかけて男の欲望をからめとる。

小アスター湖畔から市内遊覧の船が出ている。ハンブルクはヴェネツィアに劣らぬ運河の町であり、水路で町を巡ることができるし、そのままバルト海につながっている。倉庫町界隈《わい》がとりわけ楽しい。百年あまり前、水中に膨大な木を打ちこんで基礎を固め、その上に倉庫群をつくった。船運都市の栄光と底力をつたえるものだろう。

この倉庫には、船荷のなかでも、とびきりのものが収められてきた。重厚な赤煉瓦《あかれんが》造りの七階建て、いずれも正面を美しい壁面に仕立てている。タバコ、珈琲《コーヒー》豆、ラム、薬味、香料、絨毯《じゅうたん》、ガラス、光学機械……。

第二次大戦中、ハンブルクも空爆にあったが、倉庫町はそっくり被害を免《まぬが》れた。連合軍の高官たちは都市を接収したとき、すぐに使用に供したい品物がどこにあるのかをよく知っていたからである。

ブレーメン

ブレーメンの音楽隊はグリム童話でおなじみだ。「音楽隊」などと名前はいかめしいが、しょぼくれたロバと犬と猫とニワトリである。飼主にお払い箱にされ、うかうかするとぶち殺される。首をしめられ、スープにされかねない。

「いっしょにブレーメンへ行かないか。町の楽師にやとってもらおう」

四ひきがブレーメンの町をめざして歩いていった。ところが途中の森で一軒家に行きあわせた。どうやら盗賊の住み家らしい。一計を案じて、まんまとその家を手に入れた。童話のおしまいは、つぎのとおり。

「四ひきの楽師たちは、そこがたいそう気にいった。こののち、のんびり住みくらした。このはなし、できたてのほやほやだ。おもしろい、おもしろい」

ブレーメンの市庁舎前に記念像がある。おはなしにあるとおり、ロバの上に犬、その上に猫、いちばん上にニワトリがのっている。町の名物の一つだが、しかし正確にいうと、記念像をつくる理由はあまりない。四ひきはブレーメンめざして歩いていったが、町に行きつい

「ブレーメンの音楽隊」の記念像

たわけではないのである。

研究者によると、東方から伝わってきた物語で、ドイツでは十二世紀ごろ、すでにあちこちにひろまっていたそうだ。それがどうしてブレーメンの専売特許になったのか。

ブレーメンには九世紀に大司教座が置かれ、北欧やイギリス、オランダへの伝道の中心になった。北海に近く、ヴェーザー川をさかのぼって船が往き来する。ハンザ同盟に加わり、貿易都市としても栄え、「帝国自由都市」の名で町自体が独立していた。町や村の老いた役立たずでも、ブレーメンへ行きさえすれば、何かしら職がある。まじめに働けば食いっぱぐれがない。そんなブレーメンの町の繁栄が、物語の舞台を一人占めにさせたのだろう。

市庁舎、裁判所、公会堂、商館、教会……。どの建物も、おそろしく重厚にできていて、幾世紀にもわたる富の蓄積を感じさせる。足元の石畳もまた黒ずんで重々しい。まわりから威圧され、気がめいってくるほどだ。

そんな市中にあって、ベトヒャー通りは息抜きの空間である。たくさんの小店が入っており、そぞろ歩くのにいい。ルートヴィヒ・ロゼリーウスというコーヒー商人が二十世紀のはじめに運動して、いまのような通りにした。彼もまた勤勉と重厚一点ばりの町の雰囲気が息苦しくてならなかったのではあるまいか。

ここはのらくら者のための通りであって、一日ぶらぶらしていてもいい。「怠け者の泉」などもある。「ロビンソン・クルーソーの家」もある。でたらめではない。デフォーの小説を読むとわかるが、ロビンソン・クルーソーの父親はブレーメンの生まれだ。のちにイギリスにわたり、その息子が広い世界へ船出する。当時、人々はそんなふうに思っていたのだろう。ブレーメンは絶海の孤島へものびていくネットワークの始まりの一点だった。

ゲルリッツ

ポーランドとの国境の町だが、オーダー河畔のフランクフルトとはちがって、こちらはナイセ川のほとりの町。幸いにも戦災にあわなかったので、歴史がそのままのこっている。由緒深い建物がずらりと通りを埋めている。聖ペトロとパウロ教会はナイセ川に面した高台にあり、とりわけ古いのだ。一二三〇年にロマネスク様式で建てられたものが、十五世紀にゴシック風に改築され、さらにのちに新ゴシック様式とよばれるスタイルの塔がのせられたという。時代の流行に合わせて教会もお色直しを受けたのだろう。

そんなことをするだけ町が財力をもっていた。ポーランド南西部をシレジア地方というが、ゲルリッツはシレジアとザクセン国との文字どおりの橋渡しをしてきた。隣のボヘミア王国ともつながりが深い。「六都市同盟」というそうだが、近隣の六つの都市が手を結び合って商域を確保してきた。国王といい宮廷といえども国庫がカラっぽでは立ちいかない。国の金庫をゲルリッツの大商人ががっちりとおさえていた。

教会を建て直したとき取り壊した柱や石像が、回廊に並べてある。現在の建物のうち、どこまでが中世由来かは不明だが、八百年ちかくたつと石も腐るのだろう。暗い御堂全体にカビたような匂《にお》いがして、誰もがこわごわまわりを見上げながら足早に一巡していく。そそくさと十字を切って外へ出たとたん、眩《まぶ》しいような明るさのなかで、急に生き返った顔になる。神の館はあまり長居をするところではなさそうだ。

ゲルリッツで必見のものは、むしろ目の下のナイセ川にちがいない。「オーデル＝ナイセ国境」というと、ものものしいが、この辺りのナイセ川ときたら、せいぜい二十メートルばかりの川幅なのだ。対岸でポーランド人家族が簡易テーブルをかこみ昼食をとっていたが、テーブルの上の食べ物までちゃんと見える。俗にいう手の届くほどの近さである。厳密にいうと川のちょうどまん中が国境であって、川のすべてが二等分されている。川底のコンクリートはまん中でとまっており、いかなる用向きかわからないが、竹を編んだトンネル状のものが両側から突き出ており、ぴったりまん中を鉄状網が遮《さえぎ》っている。

オーデル＝ナイセ国境は、一九五〇年、旧東独政府とポーランドの間で結ばれた。河畔の町として当然のことながらゲルリッツは川の両側にひろがっていた。それが一夜にして二分され、いや応なく一方はドイツ人、他方はポーランド市民にならなくてはならない。以来、どっさり「川向こうの親戚」ができた。伯父さんの病気見舞いにも、いちいち役所に申請して出かけていった。

町の人々が川岸のベンチにすわり、のんびりとポーランドをながめていた。対岸の家族が、同じくのんびりとドイツをながめている。人間は国境などというへんてこなものをつくりたがるが、魚や鳥たちはおかまいなしだ。キラキラ光る川波のなか、こちら、またあちらでポチャリとはね、あるいは忙しく水面を飛びまわり、気ままに「国境侵犯」をやらかしていた。

バウツェン

バウツェンにくるまで、ドイツにも、「マイノリティ（少数民族）」といわれる人々の町があることを知らなかった。ドレスデンから北東に約五十キロ、バウツェンはチェコとの国境に近い。ソルブ人といって、民族学では「西スラヴ系」と分類されるそうだが、まず彼らが町をつくった。そこへゲルマン人が押し入ってきた。しかし、バウツェンは今もソルブ人の中心であって「ドモヴィーナ」というソルブ文化振興協会のセンターが置かれている。

駅に横断幕がかかげてあって、「バウツェン建市千年祭」と、誇らかにうたっていた。よく見ると、はしにドイツの主だった都市が並べてある。

ベルリン　七六五年
ドレスデン　七九六年
ミュンヘン　八四四年
バウツェン　一〇〇〇年！

お尻についたビックリマークに、つい笑ってしまった。人口五万たらずだが、町ができてからの歴史にかけては、名うての大都市にひけをとらない。「さあ、どうだ！」といわんばかりだ。

しばらく歩くと城壁の前にきた。これに沿っていくと、道がゆるやかに下りになり、つづいて急に落ちこみ、かわって城壁がそそり立った。岩山を利用して、そこに壁をのせたせいである。はじめは砦《とりで》として築かれたことがわかる。さらに下っていくと目の下に川が見えた。ベルリンを貫流するシュプレー川の上流にあたり、ここではまだ渓流のように白い泡を立て、大きくS字形にうねっている。川を格好の堀にして、守りの砦に取りこんだ。

バウツェン観光協会のスローガンは「塔と城壁の町」。たしかに雄大な城壁と赤い屋根の上に、いくつもの塔が空高くそびえている。それだけ、いろんな民族が覇を競ったせいだろう。ハンガリー王の名を刻んだ塔もあった。十五世紀のころ、この地方はハンガリー王マチアス・コルヴィヌスの下にあった。

市庁舎の裏手の聖ペテロ教会が風変わりだ。というのは主祭壇が二つある。キリスト教では「宗派混合教会」というらしいが、一つの教会にカトリックとプロテスタントが同居している。昨日今日のことではない。一五二四年以来というから、三十年戦争という、宗教の名のもとにながながと殺し合いがつづいていたさなかにも、珍しい融和の試みがあったわけだ。

城壁のはしに近いところに、噴水のマークのついた古い塔がある。「水道塔」といって、十六世紀末に建てられたものだが、いまも立派に給水の機能を果たしている。ソルブ人は農耕民族で、シュプレー川沿いに点々と集落をつくっていった。傾斜地であって、それを農地にするためには川の水を引き上げなくてはならない。河川の知恵と技術をもっていた。

町の標識はすべてドイツ語とソルブ語の二ヵ国語で標示されている。役場も二つ、学校も二つ、劇場も二つ。ただソルブ人はドイツ語もできるが、ドイツ人はソルブ語ができない。

「セブルスカ――クルトゥナ――インフォルマチャ――」

建物の金文字を指でたどるようにして読んでいると、中から眼鏡をかけた女性が笑いかけてきた。ソルブ文化振興協会「ドモヴィーナ」は、一世紀あまり前につくられた。すでにそのころ、ソルブ文化が急速に失われていたからではあるまいか。ナチス・ドイツの時代は解散させられたが、戦後すぐに復活した。

右手のフロアに特産物が並べてあって、奥が小さな図書館になっている。ソルブ民謡らしい歌がテープで流れていた。残念ながらソルブ語はまるでできないというと、女性は、「当然、当然」というふうにうなずいた。自分だってよく忘れる、家ではソルブ語でも一歩外に出るとドイツ語で、うっかりすると二つの言葉をとりまぜて話していたりするそうだ。

リューネブルク

ハンブルクから電車で三十分ばかり南へ行けばリューネブルクだ。町の広場に立って、まわりを見廻すと、しばらくは呆然《ぼうぜん》とする。まるで色とりどりのサボテンにとり囲まれているかのようなのだ。

どの建物も煉瓦《れんが》造りの切妻《きりづま》式で、正面が階段状のピラミッドのように高まっていく。よく見ると出窓やベランダを兼ねていて、少し前に突き出ている。はじめは赤煉瓦だったのが、いつしか黒っぽくなった。あるいは青味をおびた。一階は商店で、ごくふつうのスーパーや時計屋やハンバーガーの店である。つまり、一階は現代で、その上に中世がそっくりのっかっている。

煉瓦の切妻式は北ドイツに多いが、おおかたが第二次大戦後に再建されたものだ。リューネブルクは幸いにも戦災を免《まぬが》れて、昔のままをとどめている。

町には市《いち》のたつ広場と、市庁舎をもつ広場の二つがあって、それぞれ、まわりのたたずまいが微妙にちがう。ずいぶん早いころに生活と行政とを区分して、計画的に町づくりをしたことがみてとれる。

十世紀の半ば、近くで岩塩が見つかり、貴重な塩によって町が発展した。地図にはリューネブルクの東に運河のしるしがついている。エルベ川を横切り、まっすぐ北へのびて港町リューベックと結んでいる。リューネブルクの塩は、この運河づたいに運ばれ、バルト海から積み出された。

中世を通じてリューネブルクは豊かな商人の町だった。封建領主など、ものともしない。市庁舎はさほど大きくないが、つくりが美しい。優雅なバルコニーに聖人像が据《す》えられていて、上に金でふちどった大時計が見える。商いは信用が大切だ。手形と同じく、時間にルーズだと取引がなりたたない。

かたわらの古い建物は、かつての厩舎《きゅうしゃ》だそうだ。そこには伝令が控えていた。何かことがあると馬にとびのり、いちはやく情報を伝えてまわった。ビジネスが情報の先取り合戦であることは、昔も今もかわらない。

塩坑が掘りつくされて、リューネブルクの賑《にぎ》わいは終わった。新興都市ハンブルクがエルベ川を足場にして一気に商域を拡大する。以後、塩の町は、グリム童話に出てくる茨姫《いばらひめ》のように、ひっそりと永《なが》の眠りについた。

オクセンマルクト（雄牛広場）一番地に「ハイネ・ハウス」がある。詩人ハインリヒ・ハイネの両親が、ひところリューネブルクに住んでいて、ハイネは二度ばかり、しばらくここに滞在していた。

才気あふれた革命詩人には、中世をそのままのこしたような古い町が退屈でならなかったのだろう。過去の栄光だけに生きているようで、多少ともやるせなく、もの悲しい。有名な詩の一節「なじかは知らねど」は、この町にいたときにできた。どうしてかわからないが、気持ちがふさいでならない——。詩人の心であるとともに、町の性格を、もののみごとにいいあてている。

イェーナ

「ツァイスのレンズ」は世界に知られている。カール・ツァイスが一八四六年、テューリンゲンの小都市イェーナで顕微鏡レンズの工房をひらいたのがはじまりだった。そのときツァイス、三十歳。もしそのままであれば、一人のすぐれた技術者によるレンズ磨きの名人芸にとどまっていただろう。

一八六七年、エールンスト・アッベが加わった。物理学者・天文学者であるとともに、このアッベは進歩的な社会思想の持ち主だった。工房を拡大して工場生産に乗り出す一方、多くの技術者を養成した。一八八四年、若いオットー・ショットが加わってイェーナ硝子《ガラス》〝ショット・ウント・ゲノッセン（ショットと仲間たち）〟に組織替えをした。以後、とびきりのガラスやレンズが世界市場に送り出された。

ドイツ語のゲノッセンは「仲間・同志・組合員」を意味している。会社名に注意しよう。ここでは資本家と労働者ではなく、働く者が経営参加した。ともにひとしい権利をもっていた。エールンスト・アッベの考えをとり入れ、それを三人で具体化した。世界でもっとも早く有給休暇や八時間労働を実施したのも、このイェーナ硝子である。ツァイスの工場はその製品とともに、それをつくり出した者たちの考え方が澄んだガラスのように輝いていた。

ツァイスは腕一筋の技術者だった。アッベは理念と理想をもっていた。ショットは現実的な経営の才をそなえていた。ためしに三人の生没年をしるしておく。

ツァイス　一八一六〜一八八八
アッベ　一八四〇〜一九〇五
ショット　一八五一〜一九三五

先の二人は親子ほどに歳がちがっている。そんな三人が美しい共同体をつくり出した。近代資本主義社会で、あまり例のあることではなかっただろう。

そんな奇跡が実現したのは、多少ともイェーナの町の性格が働いていたかもしれない。ザーレ河畔の静かなる大学都市である。古臭い田舎町と思う人もいるだろう。市庁舎からして中世の館のようだし、大学の建物は十九世紀の城といったところだ。古ぼけた電車が駅と市中を結んでいる。

そんな小さな町だが、イェーナ大学はひところ、「研究の自由、思想の自由、表現の自由」を高らかにかかげ、詩人シラー、哲学者フィヒテ、ヘーゲルをはじめとして、多くの人々をひきつけた。ゲーテはこの大学の評議員だった。またフィッシャー社はドイツきっての良心的な出版社として知られているが、そもそもグスタフ・フィッシャーがこのイェーナに小さな店をひらいたのがはじまりだった。

第二次大戦で町はずいぶん破壊されたが、根気よい仕事で、おおかたが復元された。いまも古い商家の正面に、古雅な飾りがのこっていたりする。町の人にたずねると、ツァイスやアッベの墓を教えてくれるだろう。その際、人々はきっと誇りをこめてイェーナの名を口にする。

散歩道　漫画『マックスとモーリッツ』

ドイツの家庭には、きっと一冊はある。祖父にはじまり、三代にわたって読みつがれてきたようなケースもあって、手ずれで表紙が光っている。背がほつれたのを、丹念に補修してあったりする。新しい版がいろいろ出ているので、古いほうは宝物のようにしまってあるかもしれない。なにしろ百三十年以上も前に出た漫画なのだ。

作者はヴィルヘルム・ブッシュといって、画家を志し、デュッセルドルフやミュンヘン、またベルギーまで出かけて修業をしたが、ちっとも芽が出ない。生まれ故郷のハノーファーに近い小さな町にもどってきた。

そのうち雑誌から注文を受け、カットやイラストを描くようになった。詩も上手なので絵物語にした。そんなふうにして名作『マックスとモーリッツ』が生まれた。

マックスとモーリッツは村の悪がきで、とんでもないいたずらをする。教師のレンペルさんは、教会のオルガンを弾《ひ》くのが大好きだ。そのあとパイプをくゆらせながら瞑想《めいそう》する。マックスとモーリッツが留守中に忍びこんで、パイプに火薬をつめておいた。

やがてレンペル先生がもどってくる。パイプに火をつけ思索にふけった。

「この世に満ち足りていることこそ、この上ないよろこびというもの――」
ズドン！　パイプが炸裂《さくれつ》して部屋はめちゃめちゃ、先生は大やけど。

時とともに傷は癒《い》えたが
パイプは元にもどらない
これが第四のいたずらだ
お次は第五が引きつづく

カラーの絵とともに、きちんと韻《いん》を踏んだ詩の形をとって、つぎつぎと、いたずらの顚末《てんまつ》が語られていく。

マックスとモーリッツは、パン屋の窯《かま》から焼きたてのパンをそっくり失敬した。ボルテおばさんのニワトリを、のこらず紐《ひも》で宙づりにした。仕立て屋のベック氏は、もんどり打って川に落ちた。木橋がノコギリで切ってあったからだ。だれがやらかしたしわざか、いうまでもない。

マックスとモーリッツのいたずらは、とびきり残酷で、容赦がない。とどのつまり二人は、これまたとびきり残酷な仕方で、この世からあとかたもなく消え失せる。これが名作となり、三代にわたり読みつがれてきたのは、どうやらいたずらの引きおこすおかしさのせいではなさそうだ。

レンペルさん、ボルテおばさん、ベック氏は、いずれも村の好人物であって、「この世に満ち足りている」人々である。その人々がいたずらをされて、ふらつき、よろけ、頭から落下し、お尻をつき上げてすっころぶ。好人物性のもとにうぬぼれ、自己満足にひたり、温和に固定していた日常世界が、「ズドン」の一発でふっとんだ。

ハノーファーの小さな城が、ヴィルヘルム・ブッシュ博物館になっている。ゆっくり一巡すると、ユーモラスな漫画家の秘めていた、もう一つべつの顔が見えてくる。

ハルツ地方

ハルツ地方には、おしりに「ローデ」のつく町が多い。ヴェルニゲローデ、ダンカーローデ、ブロンローデ、ハルツゲローデといったぐあいだ。小さな村まで数えると四十ちかくにのぼるのではあるまいか。「ローデ」は「森をひらいた」といった意味で、巨大なブロッケン山系のあちこちに町づくりがされた。古いところは十二世紀にさかのぼる。なにしろ、すぐ近くに豊富な木材がある。だから「ローデ」のつく町は、美しい木組みの家並みがつづいている。勝手にぶっこわしてコンクリートにしたりしない。安っぽい新建材をあてたりもしない。土地の景観ということに対する考え方がまるでちがうのだ。

修復中の家があって、木組みがむき出しになっていた。土台の石組みを「ゾッケル」といって、これがしっかりしているかどうか、見きわめるのが大切だ。地盤のかげんで傾いてきたりするからだ。

そういえば、ある町の教会の裏手に傾いたままの家があった。昨日今日のことではなく、百年以上も前から傾いている。それに応じて改造してあって、かしいだ窓にきれいなカーテンがさがり、少しゆがんだ戸口から品のいい紳士が出てきた。

詩人ハイネは若いころハルツめぐりをして『ハルツ紀行』を書いた。口の悪い詩人は小さな町の貴族や市民たちをからかったが、樅《もみ》の木には脱帽した。ハイネによると、この地方の生きもののなかで、この木がもっとも高貴なのだそうだ。

ハルツ一帯に鉱山町や温泉がちらばっている。現在はおおかたが保養町になっていて、ハイネのからかいの種になりそうな小市民がやってくる。

最高峰がブロッケン山で、魔女伝説で知られている。五月一日は聖ワルプルガの記念日だが、その前夜に魔女たちが箒《ほうき》にまたがって空を飛んでくる。そしてブロッケン山上で、どんちゃん騒ぎをするというのだ。ゲーテの『ファウスト』に「ワルプルギスの夜」のシーンがあって、きわどいセリフが伏せ字になっている。それを埋めるのがたのしみな個所である。悪魔メフィストフェレスの案内で、ファウストはブロッケン山に登った。そして悪女たちのみだらな饗宴《きょうえん》に立ちあった。

どうしてこんな伝説が生まれたのか、はっきりしたことはわからない。霧の深い土地であって、朝夕、濃い霧がたちこめる。それが風にのって流れると、空中にいろんな模様をえがきだし、それが空飛ぶ魔女を思わせたのだろうか。

山は鉱石をもち、そのため大気を染めたり、夜空をキラリと光らせたりしたのだろうか。そんな風土が迷信深い時代の人々に、あらぬことを考えさせたのかもしれない。魔女といっても魔男といわないのは、男の時代が伝説をつくって、女を悪ものに仕立てたせいだろう。わざわざ箒にまたがらせるなど、いかにも男が思いつきそうなイメージである。

ハイネのころは、みんな歩いて登ったが、現在はSLの鉄道が運んでくれる。上にいくほど樅の木の背が低くなり、頂上は岩山で、立派なホテルがある。泊まっても、あまりおもしろくなさそうなホテルである。

おみやげは箒にまたがった魔女の飾りものや、鹿の頭を刻んだステッキ。おみやげ品は万国共通で、買う人もまたよく似ている。庶民代表といった感じのご夫婦が、ステッキをついて下りてくる。

ヴェルニゲローデ

鉄道用語ではナローゲージ(狭軌《きょうき》)、ドイツ人は「クヴェアーバーン」という。やや小振りの列車を小型の機関車が引っぱっていく。ハルツ山地を走るハルツ・クヴェアーバーンには、ごく日常的に、鉄道ファンが小躍りするような風景が見られる。始発駅がヴェルニゲローデ、木組みの家のつづく町並みが美しい。そこを黒い煙をはいて機関車が出ていく。途中にドライ・アイネン・ホーネという妙な名前の中継駅があって、一方はブロッケン山頂駅へと上っていく。もう一方は麓《ふもと》の町へと下っていく。おおかたの人のおめあては上がるほうだ。

開通が一八八七年というから、もう一世紀以上も走ってきた。ひと昔前のドイツ地図だと、ブロッケン山頂に東西ドイツの国境線が引かれている。ベルリン封鎖とともに山も閉鎖され、東ドイツの軍事用貨物列車だけにかぎられた。ドイツ統一とともに一九九一年九月、山頂行の運転再開。いまや再び、たくましい蒸気機関車の音がハルツの森にこだましている。

ハルツ狭軌鉄道は七百馬力のSLが二十五台、それに十台のディーゼル機関車をそなえ、最大四十パーミルという急勾配《きゅうこうばい》をのぼっていく。ドライ・アイネン・ホーネまで約四十分、ブロッケン行は、さらに急な勾配を五十分かけて這《は》いのぼる。前面に赤い標識をいただき、頭からも足元からも烈しく蒸気をふき出して、いかにもけなげに全力をつくしている感じだ。

スイスほどではないが、ドイツにもハルツをはじめとして、あちこちに登山鉄道がある。さらにケーブルやリフトがのびている。どうも考え方がちがうようだ。なるたけ乗り物を使い、登るのは楽をする。足を使うとしても、せいぜい尾根歩きと下りだけ。それも二本のストックをフルに活用して、足の補助にする。

せっかく文明の恩恵があるのに、それを無視するのは野蛮な行為にあたるらしい。そこまではいかなくても、汗みずくになって自分を苦しめるのは、よほどの変わり者と映るのか。あるいはまた、みるからに大きなからだであって、無理をすると膝《ひざ》を痛めるせいかもしれない。

山麓《さんろく》駅で列車を待っていると、親子づれがつぎつぎにやってきた。

「じゃあネ、バイバイ」

親と子が別れて、登山列車は大人ばかり。巨大なおしりをくっつけ合って、すしづめになっていた。不審に思ってたずねると、口々に声が返ってきた。登山列車は料金が高いので、幼い者たちには贅沢《ぜいたく》である。いずれ自分で稼ぐようになったら、自分のお金で乗ればよろしい。美しい景色に子供はすぐに退屈する。下で仲間と走りまわっているほうが、ずっと楽しいのだ……。

あとで気がついたが、山麓駅のかたわらにミニ・サッカー場と、トランポリンの設備があって、頬《ほ》っぺたをまっ赤にした子供たちが歓声をあげて遊んでいた。

クヴェートリンブルク

ヴェルニゲローデから支線を乗り継いでクヴェートリンブルクにやってきた。不便なぶん、ヴェルニゲローデとはまたちがった味わいがある町だと聞いたからだ。歩き出してすぐにわかった。たしかに何かがちがう。同じブロッケン地方でも、町や村によって、木組みの様式が少しずつちがうそうだが、そこまではわからない。そういったことではなく、もっと漠然としたちがいであって、家並みのぐあい、店のたたずまい、通りの落ち着き、人々の表情……。

クヴェートリンブルクの町並み

クヴェートリンブルクは古くは北ハルツ地方の背骨のような町だった。山に城が築かれ、聖セルヴァティウスを祀《まつ》る教会が建てられた。戦火が迫ると、人々は堅牢《けんろう》な城に駆けこみ、神に祈った。いまも聖セルヴァティウスは中世をとどめ、祭祀と政治が一つであったころの精神性を色濃くやどしている。

案内所でもらった町の地図をあらためて見直した。すみに小さく「ワールド・ヘリテッジ」の文字があった。「世界遺産」の一つ。クヴェートリンブルクを中心として、古くからの生活環境が大切に守られていることから指定された。誰が選んでいるのか知らないが、洒落《しゃれ》たことをしたものだ。

建物の軒《のき》には「1462」といった数字が見える。建てられた年である。あわせて格言めいた言葉が刻まれている。古い表記を読み解くと、「われらが神とともに」「ここぞ、やすらぎの場所」などとある。「ルドルフとズザンナの家」もあった。家をもったよろこびを託して、最初の住人が自分たちの名を彫りこんだにちがいない。

通りごとに木組みのかたちと色が、おおよそ統一されていて、歩いていると不思議な楽譜をながめているようだ。市庁舎前の広場に立つと、美しいオーケストラを聞いているかのようだ。銀行、スーパー、書店、モードの店、薬局、工務店……。エレベーターが動き、コンピュータが数字をはじき出し、金髪の娘がパソコンの前にすわっている。「世界遺産」だからといって騒いだりしない。しっかりとした生活感があり、まさにそのなかで町並みがつくられ、守られてきた。

広場のまん中に立ち食いのソーセージ屋が店を出していた。目の前の雄大な木組みのホテルを今夜の宿にきめ、さっそく湯気の立つソーセージにかぶりついた。

マグデブルク

マグデブルクの駅前は、だだっぴろいだけで何もない。市電で十分ばかりいくと、ようやく旧市街へと入っていく。天を刺すようにして大聖堂がそびえている。一二〇〇年代に建造をはじめ、四百年かかって完成したのだから息の長い話である。それで建造にとりかかったところ、大司教座がハレにながらく大司教座が置かれていた。

移されてしまった。カトリックの牙城《がじょう》となるはずだったのに、住民の大方がプロテスタントに改宗していた。つまり出来あがったとき、まるきり用がなくなっていた。ドイツ三十年戦争のころ、「マグデブルクの大虐殺」によって、住人の三分の二が殺された。ペスト大流行のときは、聖堂が死体置き場になった。一九四五年、ベルリン一帯が連合軍の空爆にさらされ、マグデブルクも大きな被害を受けたが、なぜか大聖堂だけは無傷だった。いまもまま子扱いの無用の長物が、こころなしかさびしげに天をめざしてそびえている。

双眼鏡で尖塔《せんとう》をながめていると、上から声が降ってきた。足場が組まれ、大屋根のはしに人影が見えた。まわりに板がはりめぐらしてあって、修復中の断りがされている。完了予定は二十年ちかくのちのこと。これまた、いたって息が長いのだ。板塀《いたべい》のうしろから人のよさそうな金髪の青年が顔をのぞかせた。胸あてつきの白ズボン、手に鏝《こて》のようなものをもっている。ザクセン訛《なま》りの強いドイツ語で、親方がいいといった、興味があるなら上がっといで――。

へんなことになった。こちらは単なる好奇心でながめていたまでで、建物の研究者でも何でもない。高い所は苦手である。なろうことなら辞退したいところだが、「ありがた迷惑」といった微妙な心情は、ドイツ人にはわかるまい。ついうっかり「ヤー」といった。

小さなくぐり戸を入ると、廻り階段になっていた。鉄の手すりにつかまりながらのぼっていった。はやくも圧迫感があって胸が苦しい。見上げると、ラセン状の階段がどこまでもつづいている。はるか頭上の菱形《ひしがた》の口から淡い金色の光がさしていた。

息を切らしてのぼりつめると、ひげづらの大男が迎えてくれた。シュミット親方といって聖堂のお守《も》り役だ。こちらのようすを見てとると、革ジャンパーの内ポケットからブランデーの小瓶をとり出した。気つけに一杯ひっかけると元気が出る。

「聖人さまのお助けだ」

エルベ川が銀色に光っていた。その向こうにザクセンの野がひろがっている。気つけ薬のせいか腹がすわった。シュミット親方によると、塔の上は天と地のあいだにあって、いちばんはじめに太陽を迎え、いちばん最後に太陽を見送る。ここは一日がいちばん長い。

デッサウ

飛行機マニアは、むろん、ドイツが生んだ名機〝ユンカース〟を知っている。飛行機技師フーゴ・ユンカースがつくり出した。一九一五年に〝ユンカース1号〟がお目見えして以来、着々と改良をかさね、一九三〇年代にあらわれた〝ユンカース52号〟はすでに、現在のジャンボ機にひとしい機能をそなえていた。

いずれもデッサウで製作された。ザクセン・アンハルト州の古い町で、ながらくアンハルト大公の所領だった。町の中心部は旧大公家の館や教会で占められ、のんびりと市電が走っている。飛行機の町だったとは、とても思えない。

それに人々はきっと「ユンカースの町」といわれるのを好まないだろう。第二次大戦中の代表的な戦闘機として、多くの人と町を怖がらせた。デッサウの人々はむしろ「バウハウスの町」であることを誇りにしている。こちらはいちはやく、優れた人と都市工学とを生み出した。

建築家グロピウスが中心になって開いた学校である。建築だけでなく、美術、写真、映画、デザイン、舞台など、ひろく造形にわたる新しい教育の試みだった。はじめワイマールで開校したが、保守派の攻撃にあって、一九二五年、デッサウに移ってきた。

当時の市長をフリッツ・ヘッセといった。孤立無援の芸術家集団をあたたかく迎え入れ、土地と資金を提供した。グロピウスはそこに、自分の考えを実現する建物を建てた。それまでの石造りによる重苦しい「芸術の殿堂」ではなく、鉄骨とガラスでできていて、三つの棟を翼のような通路が結んでいる。教える場と、創るためのアトリエと、居住の棟が有機的につながっている。

理論と同時に実践を重んじた。パウル・クレーやカンディンスキーといった前衛画家と並んで、町の職人が作業服で教壇に立った。絵の具のまぜ方は大切だが、それに劣らずセメントの混合も学ぶべきことだからだ。デザインの意匠は作品である一方で、商品として通用しなくてはならない。バウハウスは教室で生まれた見本を、しかるべき価格で企業に売った。劇場の演目に応じて舞台装置を請けおった。印刷会社と協力して新しい活字を考案した。

ヒトラーのナチ党をはじめとする右翼の台頭とともに、四年あまりで活動を停止、庇護《ひご》しつづけたヘッセ市長は職を追われた。

短命だったがバウハウスの運動は二十世紀の芸術思潮に大きな足跡をのこした。建物は現在もある。訪れた人は驚くだろう。わが町にある学校や会館とそっくりだからだ。バウハウスはすでに八十年も前に「現代」を実現していた。だから、ちっともめだたない。

散歩道　カバレット

ドイツ人は、まじめで、理屈っぽくて、堅苦しいとされている。きちんと規則立てるのが好きで、融通《ゆうずう》がきかない。

たしかに、その一面がある。と同時に笑うのも好きなのだ。とりわけ、まじめで理屈っぽくて堅苦しい当の自分を笑うのが好きだ。規則づけたがり、融通がきかないことを、おりにつけ笑いの種にする。

ちょっとした町には必ず一つはある。大都市だと二つや三つはあって、「カバレット」とよばれている。Kabarett と看板にあって、あたまのKがCのときもある。フランス語のキャバレーからできたからだ。わが国のキャバレーとは、まるきりちがう。よく地下に降りていくが、そんなところのホールが小劇場になっている。舞台にはピアノが一台きり。ちょっとした照明があるだけ。客はビールかワインを注文して、テーブルに片《かた》肘《ひじ》ついたりしている。

それはおしゃべりと歌によるジャーナリズムだ。政治・経済・社会・文化・風俗・世相、なんであれ笑いを切り口にして取りあげる。辛辣《しんらつ》に洒落《しゃれ》のめす。戯《ざ》れ歌にして、からかう。流行歌の替え歌で手玉にとる。

レビュー式につぎつぎとシーンが変わって、朝のニュースが、はやくも夜の公演にとりこんである。台本はあるが、舞台で即席につくり替える。だから俳優は即興の才がなくてはならない。新聞や雑誌をよく読んでいる。ゲーテの名句をもじったりもできる。

一党独裁下にあった東ドイツにも、カバレットは健在だった。人々は政府の御用新聞は信用しなかったが、カバレットの舞台から発信される情報は信頼した。笑いはたえず批判を含んでいる。政治家はテレビや大新聞の論調は気にとめないが、カバレットの批判は気にかける。遠慮会釈《えしゃく》なくホンネが打ち出されているからだ。笑いの種になっているうちは、れっきとした現役である。地下の舞台で見捨てられたら、もうおしまいだ。日ごとのニュースとからんでいるので、旅行者には、とても理解できない。よそものにはわかりっこないし、よそものにわかってもらう必要もない。ドイツの町並みのなかに、こんな「装置」がひそんでいることは、ぜひともお伝えしておこう。腹の皮をよじってウップンばらしをしたあと、いつものまじめな、少し堅苦しいドイツ人にもどっていく。

ドレスデン

森鷗外の小説『文《ふみ》づかひ』はドレスデンを舞台にしている。ドイツ留学中の体験をもとにした雅文体三部作とよばれるものの一つで、『舞姫』ではベルリン、『うたかたの記』はミュンヘンだった。三部作のなかで『文づかひ』はいちばん地味なつくりで、語り手がふとしたことから「文」の使いをする。手紙を預かって、人に手わたした。あとで判ったのだが、その手紙が微妙な恋にかかわっていた。

「恋ふるも恋ふるゆゑに恋ふるとこそ聞け、嫌ふもまたさならむ」

ほかの二作とくらべて影のうすい小説だが、私はもっとも好きだ。秘められた大人の恋が、ひときわ印象深い。

若い鷗外はドレスデンにいたとき、実際に愛の手紙の使いをしたのかもしれない。町のまん中をエルベ川が流れている。橋をはさんで一方は兵営や新宮のある新市街、他方は王宮のある旧市街。軍人と貴族の女性とのあいだを、誰かが使いをしなければならない。

「王都の中央にてエルベ河を横ぎる鉄橋の上より望めば、シュロス（城）、ガッセ（通り）に跨《また》がりたる王宮の窓、こよひは殊更《ことさら》にひかりかがやきたり」

旧ザクセン王国の首都である。旧市の一角の壁に代々の王が絵巻物風に描かれているが、そのなかに「剛胆王」などとよばれた太っ腹の王がいて、財を惜しまず町づくりをした。イタリアの画家カナレットの描いた有名な「ドレスデン眺望」があるが、聖母教会を中心にして美しい建物が軒《のき》をつらね、いかにも古都にふさわしい優雅なたたずまいだ。

正確にいうと、それは一九四五年二月十三日までのドレスデンである。十三日から十四日にかけての夜、アメリカとイギリスの爆撃機が大編隊を組んでやってきた。そして三次にわたり、途方もない爆弾を投下した。ヒロシマとならんで、第二次大戦末期に起きた無意味な殺戮《さつりく》である。六万人にのぼる市民が死んで、町全体が見わたすかぎりの瓦礫《がれき》の山になった。

ドレスデン中心部は、いまも美しく壮麗だ。冬のあいだ毎夜、オペラ座の明かりがエルベ川に映っている。王城からツヴィンガー宮殿、ツォイクハウスとよばれる武器庫……。すべて再建されたものである。瓦礫の山から石をひろい集め、一つ一つ積み上げていった。三十年ちかくにわたる気の遠くなるような作業の結果である。

つい先年までたった一つだけ、黒ずんだ煉瓦《れんが》の山がのこされていた。かつての聖母教会があって、半壊した巨大な壁がそびえ、半欠けの聖人像がころがっていた。ヒロシマの原爆ドームと同じように、戦争の災禍を記憶にとどめるためだった。

侃々諤々《かんかんがくがく》の議論の末、半世紀を経て再建と決まった。シンボルとしての瓦礫に代えて、元どおりの教会にする。費用は世界中からの寄付でまかない、完成は二〇〇六年の予定。囲いの中に、数十万の石のかけらが番号つきで並んでいる。それを丹念につなぎ合わせて聖母のためのドームをつくる。巨大な壁が日ごとにせり上がっていく。ドレスデン市民は勤めや買い物の往き帰りに、そんな風景をながめている。

マイセン

細い剣が交叉《こうさ》していて、色は青。マイセン磁器のトレードマークである。白い、なめらかな、硬質の肌にしるされて、すっきりとした、とてもいいマークだ。

マイセンはドレスデンから三十キロばかり西の小さな町である。エルベ川がひとうねりしたところに小山がそそり立ち、山上に城がある。マイセン磁器の発明者ヨハン・ベトガーは、この城の中の工房にいた。「剛胆王」とよばれたザクセンのアウグスト王に力ずくでつれてこられた。もともとは世に知られた錬金術師だった。錬金術は当時の先端科学であって、いわば高級技術者をかっさらってきたぐあいだ。

ベトガーは銀の皿で食事をとり、猿を飼っていたそうだ。秘密の仕事場で、日夜、「賢者の石」の生産にとりくんだ。別名「アルカヌム（宇宙の秘薬）」とよばれたもので、火より生まれ、石より硬く、永遠に朽ちることがない。

ザクセン国の金庫が底をついていた。プロシアとの戦争のせいであり、またアウグスト王がむやみに中国磁器を買いあさったためである。十年ちかくなるのにベトガーの錬金術はいかなる成果ももたらさない。王は別の小部屋の用意があると通告した。つまり、拷問室《ごうもんしつ》のこと。理論では可能なはずなのに、うわぐすりと土とを溶け合わせるための高温の窯《かま》をつくることができない。ベトガーは仕事場の戸口に、つぎのような標識をかかげていたといわれている。

創造主タル神ハ
錬金術師ヲ変ジテ陶工トナセリ

一七〇八年、最初の赤い磁器、つまり赤器をアウグスト王に献上した。翌年、白磁に成功。マイセンに王立の窯がつくられ、生産を開始した。錬金術の用語「アルカヌム」が、マイセン磁器の化学的合成を示す公式のことばになった。それは国家機密とされたが、やがてベトガーの弟子が、ひそかにウィーンの宮廷に売りわたした。

まず赤と白の磁器がつくられたのが意味深い。十八世紀の人々の想像のなかでは、磁器は美しい焼き物であるだけでなく、魔術的な護符の性格をもつ物質だっ

マイセンの町とエルベ川

た。長命、生命力、不死の霊薬である。アウグスト剛胆王はドレスデンの宮殿を、四万にのぼる磁器で埋めつくしたといわれている。

ベトガーの死後、ヘロルト、ケンドラーといった卓《すぐ》れた陶工が工房に入り、マイセン磁器は世界的な名声を得た。そしてザクセンの財政はマイセン窯によって大いにうるおった。第二次大戦で破壊される前の美しい都市ドレスデンを生み出したのは、主としてアルカヌムの力だった。

一九二三年、ドイツが記録的なインフレにみまわれ、国庫が底をついたとき、ドレスデン銀行は磁器による赤と白の貨幣をつくって一時しのぎをした。文字どおりの錬金術が二十世紀に登場したわけである。

ケーニヒシュタイン

チェコと国境を接するドイツ南東部一帯はザクセン・スイス国立公園とよばれている。つまらない名前である。だいいち、ちっともスイスに似ていない。たしかに岩山はあるが、標高四百から五百メートル。スイスのように重畳《ちょうじょう》とかさなり合うのではなく、巨大な石の砦《とりで》のように点々とちらばっている。

それでもやはりスイスの借名は必要だったかもしれない。というのは、ここを「発見」したのはスイス人であったからだ。古来、この辺りはザクセンの人々にとって、おどろおどろしいところであり、なるたけ近寄らなかった。十八世紀の後半、ドレスデン美術学校に二人のスイス人画家が招かれてきた。彼らには岩山一帯が故国のような気がしたのだろう、しきりに写生旅行に出かけていく。以来ようやく人々はその風光美に気がついた。よそ者に自然の見方を教えられた一例である。

たしかに岩山としては小振りだが、そのせいでスイスの山々よりも興味深い歴史がある。まさしく石の砦として政治的に使われてきた。戦争のときの避難所用に、岩山に城郭をつくる。ケーニヒシュタインはそのうちの最大のもので、城づくりは十三世紀にはじまり、数百年にわたって増築をかさねてきた。

折れ曲がった急坂を上がると、岩をくり抜いた巨大なトンネルに入る。前後が木製の雄大な掛け橋で、万一のときはこれを落とす仕組みになっていたのだろう。その先はさながら一つの町であって、教会もあれば集会所や学校もあった。百五十メートルの深さの井戸が住人の水をまかなった。

十八世紀のはじめ、ザクセン国王アウグストは錬金術師ベトガーを、ひところここに幽閉して、ヨーロッパで最初の磁器をつくらせた。のちには社会主義者や急進派の論客が送られてきた。「春のめざめ」で知られる劇作家ヴェデキントは、その作品が風俗を乱すとされて、こころならずも数ヵ月を山上で過ごさなくてはならなかった。

第二次世界大戦中は、捕虜となった英仏軍の将校を収容した。ナチス政府はそのことを隠さなかった。おかげでケーニヒシュタインは連合軍の空爆を受けなかった。それを見こしてだろう、ナチスはちゃっかりと、ここに文化財や宮廷関係の財宝を疎開させた。現在、ドレスデンの宮殿や宝物館《ほうもつかん》に収められている名画や工芸品は、このケーニヒシュタインが守ったものだ。

戦争末期のことだというが、難攻不落の城山から、一人のフランス人将校が逃亡した。よほど綿密な計画のもとに実行されたらしい。私はそのことを地元ケーニヒシュタインの町のドイツ人から知った。その人は城山を案内しながら、もし自分にイギリスのスパイ小説の作家のような筆力があれば、ベストセラーになるのだがと残念がっていた。半日いっしょに過ごしたが、たしかに篤実な地方史家とよばれるタイプの好人物で、とてもベストセラーなど狙《ねら》えそうもない人だった。

ピルナ

ピルナの町はザクセン・スイス国立公園の入口にあって、エルベ川の両側にひろがっている。「ピルナ」の語源はソルブ語の「硬い石の上で」といった意味らしいから、まずソルブ人が住みついて町づくりがはじまったのが見てとれる。「硬い石」は土地が産する砂岩のこと。これを売って発展した。

重い石の移送のためには、すぐ目の前にエルベ川がある。町の規模にくらべて市庁舎や聖マリア教会が悠然として大きいのは、大きな商域が、つまりはピルナの町にひとしかったせいだろう。広場の左右に、これまた雄大な石の水槽がある。その高さからして人間ではなく馬用だったと思われる。口から泡をふいて河港まで荷馬車を牽《ひ》いていった馬たちが、一目散に首を差し入れたにちがいない。

商人たちの商談を交わした居酒屋が「白鳥亭」、隣が「獅子《しし》薬局」、どちらも五百年ちかい昔から営業してきた。誇らしげに白鳥や獅子の紋章を軒《のき》に飾っている。さらに隣の建物は、かつては宿屋だった。ロシア遠征の帰途にナポレオンが泊まったそうだ。さんざんな目にあってのもどり道だったから、失意の将軍には聖マリア教会の鐘の音が、ひときわ胸にしみたのではあるまいか。

ピルナの本来の見ものは、町ではなく背後の丘である。ゾネンシュタイン城がそびえている。「太陽石」といった意味。いつのころか城が使われなくなって、一八一一年、ドイツで最初の精神・神経科専用病院が開かれた。やがて背後の高台に一つ、また一つと病棟がふえていった。

それは町の名誉であった。ところがナチス・ドイツ時代の到来とともに一変した。一九三九年から四一年にかけて、ここで一万三千人にあまる患者たちが「生きるに値しない生命の持ち主」として「処理」された。ふだんはせいぜい数百が住人だったところへ、千単位の人々が送られてきた。丘に上がったきり、もどってこない。その異様さを町の人々が気づかなかったはずはない。町当局は一切関知しない方針をつらぬいた。

現在、ピルナの病院跡は当時のままのこされている。黒ずんだ教会のまわり、木立ちのあいだに数十棟の荒廃した病棟が点在している。どのような用途にあてられたものか、体育館のような大きなホールがあり、半壊の床から鉄幹の頭が顔を出していた。

取り壊して一切なかったことにしないのが当局の方針のようだ。川に近いところにモダンな記念館があって、その地下で一万三千余の生命が絶たれた旨の説明がついていた。

ゾネンシュタイン城のテラスがレストランになっていて、美しい屋根の列とエルベ川の眺望をたのしみながら食事ができる。丘を一巡したあとは、あまり食欲がないようで、たいていの人が黙って、景色を見やりながらお茶を飲んでいた。

ライプツィヒ

ザクセン州にあってドレスデンとライプツィヒは、わが国でいうと京都と大阪にあたる。一方は宮廷都市、もう一方は商業都市。ライプツィヒの見本市には世界中からアタッシュケースをさげたビジネスマンがやってくる。十二世紀に市を開く権利を獲得して以来、商人の町として栄えてきた。

ドイツのいろんな町に悪魔をめぐる話が伝わっている。たいていは黒服に赤いチョッキ、細身のズボンといったいでたちで、帽子に鳥の羽根をつけている。帽子は頭の角《つの》を隠すため、また片方の足に馬のような蹄《ひづめ》があるので、それをズボンで覆《おお》っている。どうしてこんなへんなスタイルに定まったのかはわからないが、昔ばなしに現れる悪魔はなかなか愛嬌者《あいきょうもの》で、にくめない。

アウエルバッハ地下酒場

そんな悪魔がライプツィヒのアウエルバッハ地下酒場に、錬金術師のファウスト博士といっしょにやってきた。ちょうど学生たちが酒盛りをしていたところで、なかにまじって、ひと騒ぎをやらかした。

ずいぶん古くから伝わっていたようで、ゲーテが『ファウスト』の一場に使っている。ライプツィヒ大学の学生のころ、ゲーテもここでよく大騒ぎをした。そのせいか地下酒場のシーンは、ことのほか生々しい。「毎日がお祭り」の怠け者たちが、ばか話をしたり、歌ったり、ほらを吹いたりしている。悪魔メフィストフェレスにいわせると、「悪魔に鼻づらとって引きまわされても、とんと気づかない連中」というわけだ。

とどのつまりは、メフィストがテーブルに穴をあけて栓《せん》をした。飲みたい酒の名をいって栓をひっこ抜くと、その酒がとめどなくあふれ出る。ふところのさみしい学生たちが思いつきそうな夢である。

ライプツィヒは「小パリ」などといわれ、旧市庁舎の裏手に優雅なアーケードがつづいている。その一角にアウエルバッハ地下酒場が今もある。メフィストとファウストのブロンズ像が目じるしで、うしろに酔っぱらった学生たちが控えている。酒場というよりレストランのつくりで、『ファウスト』ゆかりのメニューもある。

もともとライプツィヒ大学の総長をしていた人が開いたそうだ。プファルツ地方にアウエルバッハという町があって、そこの出身だったのにちなんでいる。かつて大学は町の人々にいやがられた。学生が来ると、町の風紀が乱れるというのだ。総長みずから、学生の関心をアルコールにとどめるために一計を案じたものか。

ゲーテが法学の勉強のためにライプツィヒへ来たのは十六歳のときだった。さっそく酒場の娘に思いを寄せ、愛の詩を捧げたりした。三歳年上で、愛称をケートヒェンといった。人生経験のゆたかな彼女は、世間知らずの学生の熱中ぶりに手を焼いたらしい。お坊ちゃんをていよくあしらって追い返した。

失恋とばか騒ぎが災《わざわ》いしたのか、ゲーテは重い病気になり、あわてて両親がフランクフルトの家につれもどした。『ファウスト』の酒場に悪魔を登場させたとき、ゲーテはさぞかし若い日のことを、ほろにがく思い出していたにちがいない。

ワイマール

ワイマールのゲーテ記念館は、低い三層づくりの黄色い壁の建物で、いびつな三角形をした広場に面している。それと知らなければ、おもわず前を通りすぎてしまうところだ。田舎の小貴族でも、もっと立派な館をかまえていただろう。

なかに入ると、もっと驚く。つつましやかな市民の住居そのままで、居間、書斎、食堂、書庫、どれも小さくて、薄暗い。

陳列室が三つばかりあって、そこにいろんなものが並んでいる。鉱石、化石、骨、植物標本、試験管、何のためともしれぬ小さな機械。蜂《はち》の巣のように沢山のひき出しをもった戸棚に、長年の宝物のようにしてゲーテは自分のコレクションを収めていた。ゲーテは詩人、作家、劇作家であると同時に、また熱心な自然科学者だった。天文、気象、物理、地質、鉱物、植物など、あらゆる分野にわたり旺盛《おうせい》な好奇心をもっていた。人体の骨を考察し、植物の変種に注目した。住居がミニ博物館といった感じがするのは、そのせいである。

「目とくらべると、耳は沈黙した感覚である」とゲーテ自身が述べている。ゲーテは何よりも目の人であって、耳はいたって鈍感であったようだ。同時代にはモーツァルトやベートーヴェン、シューベルトなどの天才がいたが、ほとんど無関心で、ツェルターといった三流の作曲家をもちあげていた。

植物学に情熱をもっていたが、陰花植物にはさほど興味を示さなかった。したしく肉眼で見ることができなかったせいではなかろうか。鉱物学とくらべて化学には冷淡だった。化学は元素や成分の分析を扱って、目でたしかめるのが不可能である。ゲーテの旅日記『イタリア紀行』をひらくとわかるが、朝起きてから夜寝るまで、息せき切って駆けまわっていた。「何でも見てやろう」人間であって、のみならずいつも目にしたもののコピーを欲しがった。石や破片でポケットをふくらませて帰ってきた。

老人になっても眼鏡をかけようしなかった。どこまでも自分の目玉で見ようとして、人工のレンズを信用していなかったせいではなかろうか。

書斎の奥が寝室で、ゲーテは八十三歳のとき、この小部屋で死んだ。当時のままにのこされている。白木のベッド、壁ぎわに肘《ひじ》かけ椅子。足台があるのは、老いたゲーテがそこに足をのせて休んでいたからだ。小さなテーブルにコーヒー・ポットとコーヒー・カップ、それに薬瓶。

死の床を嫁がみとった。最後のことばは有名な「もっと光を!」。いかにも文豪ゲーテらしい含みのあることばだが、しかし、ゲーテは、とりたてて深い意味をこめていったのではあるまい。生涯、見ることが好きだった人には、部屋の暗さが我慢ならない。ちょっと窓を開けて、もっと光を入れておくれ――。気のきかない嫁に、そんな小言をいったまでではなかろうか。

ゼーバッハ

テューリンゲン州の州都エアフルトの西かた、ドイツの地図ではちょうどまん中あたりだが、シミのように小さな村だから、よほど大きな地図でないと見つからない。ゼーバッハといって、鳥好きの人はごぞんじの向きがあるかもしれない。小鳥の巣箱を発明したベルレプシュの生まれた村である。正式の名前は、ハンス・フライヘア・フォン・ベルレプシュという。フライヘアは「男爵」であって、名前からも土地の旧家であることがわかる。先祖は十二世紀にさかのぼる豪族で、森と湖水のほとりに立派な城をかまえていた。

旧家には、おりおり変わり者があらわれる。男爵ベルレプシュ博士は十九世紀の後半にゼーバッハの城で育った。父が愛鳥家だったので、はじめは父の影響だったらしい。やがて鳥の研究にうちこみ、ついで鳥類保護にのりだした。帝国ドイツが国をあげて産業育成に躍起になっていたころである。森が失われ、川や湖沼が埋め立てられていく。鳥たちの受難の時代がはじまった。

ベルレプシュの偉大なところは、もっともらしい理論によってではなく、ねばり強い観察を通して、鳥の保護と繁殖のための方針をうちだしたことだ。だから、その主張はわかりやすい。第一に、鳥の好むものを豊富に供給してやること。第二に、鳥の敵となるものを取り除いてやること、以上の二つである。これをきちんと実行すれば、鳥が種《しゅ》もろとも滅びてしまうなどのことは決してない。

道順を書いておくと、エアフルトから電車でゴータへ行って、ゴータで支線に乗り換えてゼーバッハ下車。バスもタクシーもない。駅員にベルレプシュの鳥類研究所をたずねると、同じ電車で降りた人と引き合わせ、送りとどけをたのんでくれる。もしその人がべつの方向に行く場合、途中で、しかるべき人をつかまえてリレーしてくれる。ついでに昼食をとるための居酒屋まで教えてくれる。

ベルレプシュは巣箱だけでなく、ほかにも小鳥のためのさまざまな発明をした。たとえ餌《えさ》を用意しても、小さな鳥は大きな鳥にぶん取られてしまう。スズメの多いところで、カラ類などの小さな鳥に餌をやるには、どうすればいいか。給餌車《きゅうじしゃ》を考案した。それは水車のようなつくりで、小さな鳥が餌をついばむぶんには何ともないが、スズメがとびのると、体重が重いためにクルクルとまわりだし、スズメはあわてて逃げてしまう。

豪族の城が小鳥の楽園になった。古い文書によると、昔の豪族は野鳥をこの上ないごちそうにした。焼いたり、串《くし》に刺したり、蒸したりして食べた。客がくると、一晩で二百羽、三百羽と腹に収めた記録がある。もしかするとベルレプシュ先生は、大食らいの先祖の罪ほろぼしをしたのかもしれない。

ゴータ

地図を開くとよくわかるが、ゴータはほぼドイツのまん中にある。東西南北どちらにも、まるで計ったように同じ隔《へだ》たりをとっている。中央ヨーロッパとよばれる地域から見てもへソのような位置にある。ゴータ市民が大いに誇りとするところである。

人々はまた教育都市ゴータを誇りにしている。かつてはザクセン＝ゴータ公国といったが、十七世紀にエールンスト公という学問好きの国王がいた。信仰あつい人でもあったようで、「敬虔王《けいけん》」の名が伝わっている。王は自然科学を愛し、とりわけ地理学と天文学に力を入れて人を求めた。地上のことは地理学、天上のことは天文学というわけだ。求めに応じて著名な学者たちがテューリンゲンの森のほとりの小さな町にやってきた。以来、ゴータはこの地方の教育の中心となり、出版社も多く、なかでも精巧で美しい地図の出版で知られている。

山地にひらかれた町なので坂が多い。市庁舎のあるマルクト広場からの道は、どれもゆるやかに上り下りしている。そんな地形のせいだろう、ゴータ市民は坂道を下るときはうしろ手にして、からだを少しそりぎみにして歩く。上るときは腰に手をそえ、やや前かがみになって、ゆっくりとのぼっていく。

十八世紀半ばのことだが、ゴータ・ギムナージウムの教授の一人にアウグスト・ガレッティという人物がいた。地理と歴史を教え、多くの著作を世に出した。その大半はもはや行方知れずだが、ただ一冊だけが今日までのこっている。題して『ガレッティ先生失言録』。厳密にいうと、当人の著書ではない。生徒たちが書きとめ、持ち寄って本にした。どうやらガレッティ先生は、少しばかりそそっかしいところがあったらしい。授業中によく言いまちがった。たとえばローマの歴史を語っていて、つぎのとおり。

「シーザーがもしルビコン川を渡らなかったら、一体彼はどこへ行ったのやら、まるでわからない」

宗教改革にふれていわく。

「ヤン・フスが火刑にあったのは夏のことで、それも例年にない猛暑を記録した年だった」

地理の時間に大理石の用途を述べたときのこと。

「大理石から種々有用な品がつくられる。たとえば、ビリヤードの玉である」

この種の言いまちがいが年ごとにたまっていった。ガレッティ先生が世を去ったとき、教え子たちがその死を惜しんで追悼《ついとう》の何かを考えたとき、名物の失言を思い出し、めいめいが持ち寄って本にした。それは現在なお読みつがれ、とうとう「ガレッティ」の名は「言いまちがい」の代名詞になった。

だからといって生徒たちの忘恩にあたるのだろうか？

彼らは失言一つを聞きつけるたびに、たがいに肘《ひじ》をつつき合い、クスクス笑いをこらえていたにちがいない。それは陰気で退屈だったギムナージウム時代の唯一の救いでもあっただろう。だからこそノートのはしに書きとめたのを、いつまでも忘れなかった。ゴータの町は、ゲーテがいたワイマールに近いのだ。『ゲーテ名言録』と隣合わせに『ガレッティ失言録』がある。これはなかなか楽しいことであって、だからこそ教育都市にふさわしいのではなかろうか。

散歩道　道化ティル・オイレンシュピーゲル

ティル・オイレンシュピーゲルは、ドイツでもっとも知られた名前である。だれもが幼いころに知って、一生覚えている。ドイツ生まれの道化であって、あちこちの町に現れ、いたずらをしでかした。へんてこな理屈で、よき市民にいっぱいくわせた。とんでもない曲芸をやって町中をびっくりさせた。トンチをきかせて憎み合っている連中を和解させた。古くから伝わる話が『ティル・オイレンシュピーゲルの愉快ないたずら』といったタイトルでまとめてあって、文字を学んだ子供に、その絵入り本が手わたされる。

このおどけ者は、いつごろ、この世に生まれたのか。学者がいろいろ調べたが、よくわからない。モデルにあたる人物がいたようで、十四世紀の初め、ブラウンシュヴァイクに近いシェッペンシュテットという小さな町の郊外に生まれた。両親は居酒屋をしていた。多少は証拠があるらしく、居酒屋跡というところに「ティル・オイレンシュピーゲル生誕の地」の碑が建ててある。

きっと早くに徒弟奉公に出たのだ。腕をたよりに諸国を遍歴する。頭のよくまわる、弁舌さわやかな、たのしい男だったのではあるまいか。一三五〇年に北ドイツのメルンという町で、おりからひろまっていたペストで死んだ。これは確かな事実らしい。伝わっている話の一つでは、死後にも騒動をまき起こした。棺《ひつぎ》を穴に下ろそうとしたところ、紐《ひも》が切れて、まっさかさまに落下。やむなく立ったかたちで葬《ほうむ》られた。

元の名はちがっていたのだが、いつしか「オイレンシュピーゲル」と定まった。ドイツ語のオイレは「ふくろう」、シュピーゲルは「鏡」を意味している。ふくろうは古来、知恵の鳥とされてきたし、鏡は自分を映し出す。古い本に描かれたいたずら者は、片手に鏡をもち、もう一方の手にふくろうをとまらせている。

フランス人やイタリア人とくらべて、ドイツ人はいつもさえない役まわりだ、やぼで、生まじめで、規律が好きで、堅苦しい。そんなイメージがあり、たしかにかなり当たっている。

ティル・オイレンシュピーゲルは、そんなドイツ人が自分たちの姿を映して、知恵を思い出すために生み出した人物ではなかろうか。おどけ者のいたずらを通して、硬直した精神をときほぐす。世の常識とされるものをひっくり返して、あらためて白紙の状態に立ちもどってみる。ティル・オイレンシュピーゲルがひき起こす騒動はいつも、規律の愚かさを思い知らせる効用をもっていた。

ヒトラーが政権をとり、ついでナチスの独裁が始まったとき、エーリヒ・ケストナーは直ちに『ティル・オイレンシュピーゲル』を公刊した。古くからの話を再話の形式で出したものだが、ひそかに強い時代批判がこめてあった。執筆禁止をくらっても、だれもが知っている物語の刊行という手ですり抜けた。オイレンシュピーゲルの知恵をそのまま用いたわけだ。つづいて出したのが『ホラ吹き男爵』である。みずから、したたかな道化役を買って出た。

II　中部ドイツ

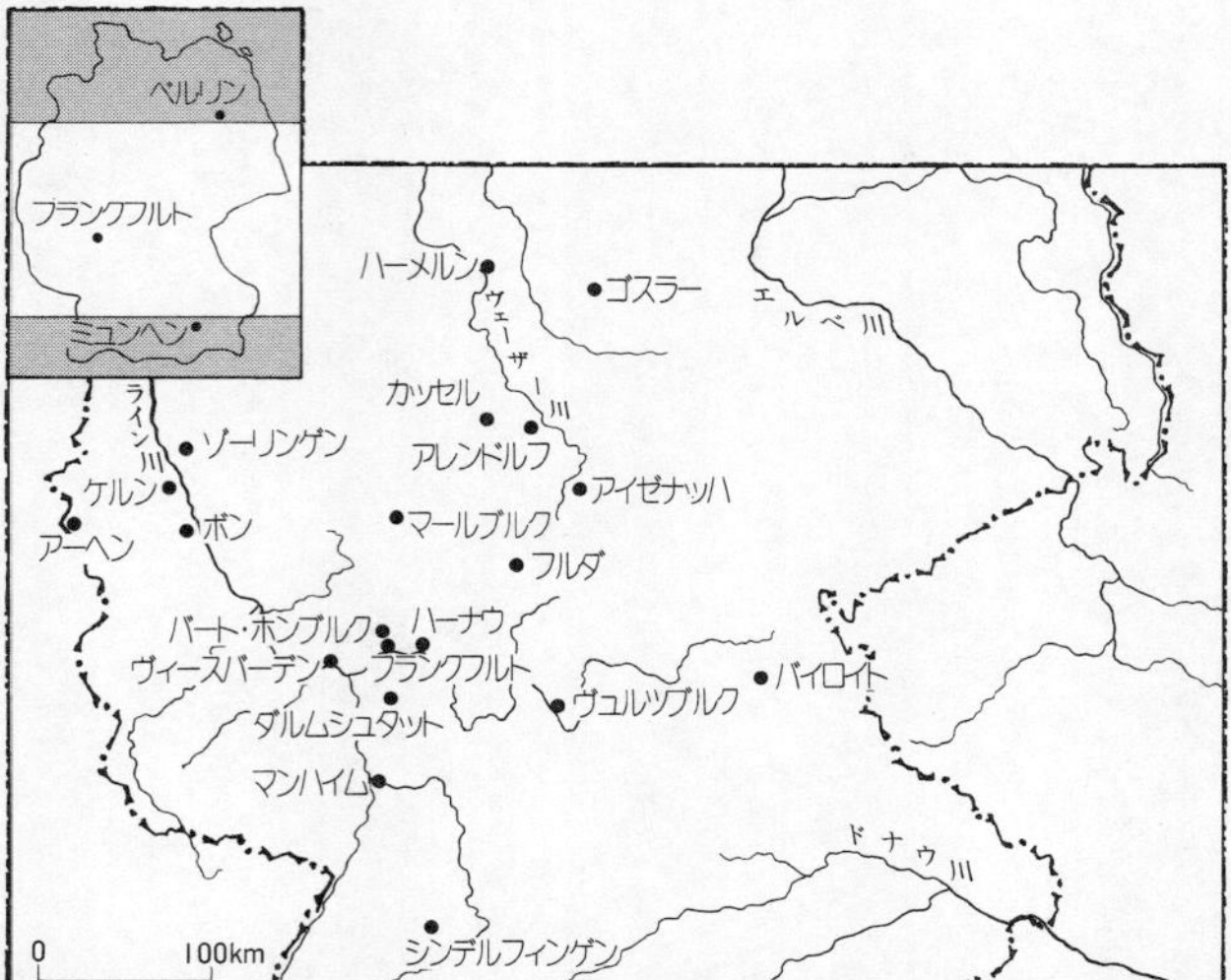
ベルリン
フランクフルト
ミュンヘン
ハーメルン
ゴスラー
ヴェーザー川
エルベ川
カッセル
アレンドルフ
ライン川
ゾーリンゲン
ケルン
アイゼナッハ
アーヘン
ボン
マールブルク
フルダ
バート・ホンブルク
ハーナウ
ヴィースバーデン
フランクフルト
バイロイト
ヴュルツブルク
ダルムシュタット
マンハイム
ドナウ川
シンデルフィンゲン
0
100km

ボン

一九四九年十一月、西ドイツ議会は新しい首都選定の投票をした。結果はつぎのとおり。

ボン　　　　　二〇〇票
フランクフルト　一七六票

ニュースが世界に流されたとき、多くの人が首をひねった。

「ボン？　さて、どこにあったっけ？」

地図を開くと、ライン河畔にちいさな町のしるしがついていた。古代ローマ人が砦《とりで》を築いて「ボンナ」と名づけたのがはじまりというが、由緒はともかくとして、その後、あまり発展しなかったことは、地図のマークからも見てとれる。せいぜいのところ、ベートーヴェンが生まれた町として、わずかに人々の記憶にのこっていた。

首都をドイツ語では「ハウプトシュタット」という。「主な、最高の」といった意味のハウプトと、「都市」をあらわすシュタットをくっつけた。西ドイツの首都ボンはつねづね「ハウプトドルフ」とからかわれた。ドルフは「村」を意味している。

政府はシャウムブルク宮殿に置かれた。当時、これが唯一、町のまともな建物であったからだ。ひところドイツ皇帝ヴィルヘルム二世の妹のヴィクトリア王妃が住んでいた。多少とも変わった人で、六十二歳のとき、一族の反対を押しきってロシア人アレキサンダー・ツァウブコフと結婚した。冒険家というより詐欺師として知られていた人物である。数年のうちに王妃は破産宣告を受け、宮殿は競売に出された。そんないわくつきの建物だった。

しかし、この首都は世界に誇ってよかったのではあるまいか。ベルリンが「最高の都市」のころのドイツは、二度の世界大戦をひきおこし、近隣の国々に安心よりも不安を与えた。幸せよりも災《わざわ》いの原因になった。

ライン河畔の小都市が「最高の村」の時代は、つつましやかで、謙譲と協調を忘れなかった。首都にやってきた各国の要人は、首脳会議を終えたあと、ひなびた通りを歩き、ベートーヴェンの生家を訪れ、古いピアノや月光の曲の楽譜をながめたあと、「田園交響曲」そのままの郊外を散歩した。

首都が再びベルリンに移され、改装なった国会議事堂がにぎにぎしくお目見えした。それはおそろしく重々しく、居丈高で人を威圧してくる。一方、ボンのシャウムブルク宮殿は現在は文書館になっている。あいかわらずみすぼらしく、見ばえがしないが、裏庭に一面の花壇がひらけていて、忘れられた建物に自然が花束を捧げたぐあいだ。

ケルン

ふつうはケルンである。正確にいうとコルンにちかく、あるいはコロンと聞こえる。お肌にやさしいオー・デ・コロンは、フランス語で「ケルンの水」といった意味だ。十八世紀の初め、ヨハン・ファリーナという人物が製造・販売をはじめて大成功をおさめた。フランス語で売ったところが、いかにも商才にたけている。イメージ商品はフランス風にかぎるのだ。ドイツ語「ケルニッシュ・ヴァサー」だと、何やらうがい薬のようである。

ケルンの大聖堂は、天を圧するようにしてそびえている。まったく途方もない建物であって、ライン川を下ってくると、はるか遠くからでも突き立つような双塔が見える。町に入って近づくにつれ、頭上からのしかかってくる。塔の高さ、百五十七メートル。十三世紀半ばに起工、一八八〇年に完成。六百年あまりもかかったことになる。

実際は途中で建設が放棄され、三百年ばかり、造りかけの塔や、風雨にさらされた壁が、みじめな姿をさらしていた。

不思議な話がつたわっている。アミアンの棟梁《とうりょう》ゲルハルトなる者が、ときの大司教に請願して、巨大な聖堂建造の許可を得た。さっそく浄財《じょうざい》があつめられ、大工事にとりかかった。ライン川の船便が南方から大理石を運んでくる。足場が組まれ、滑車がまわり、ゆっくりと巨石を持ち上げる。何百人、何千人もが動員された。

本来、何代にもわたる大事業だったはずだが、ゲルハルトは自分一代で完成させようとした。栄光と名声を願ってである。そのために悪魔の力を借りた。とどのつまり悪魔との賭《か》けに敗れ、足場の上から身を投げた。工事が中止されてのちも、夜な夜な、ゲルハルトの亡霊が捨てられた塔にあらわれ、嘆きのことばを呟《つぶや》いていたという。

人間の驕《おご》りと名誉欲を戒《いまし》めたものであって、事実はそうではなかっただろう。ときの政治、カトリック内部の事情、ライン川沿岸の都市の思惑《おもわく》がからんでいたにちがいない。十九世紀になって一気に完成したのは、日の出の勢いだったドイツ帝国の力である。

大聖堂の南側の壁に、大きな鉄の棒がとりつけてある。鐘を打ち鳴らす「舌」であって、鐘楼《しょうろう》の大鐘に付属していた。一八七三年、フランスとの戦争に勝った余勢で、フランス軍の大砲二十二門を鋳《い》つぶして世界最大の鐘をつくった。「皇帝鐘」と名づけられたが、製作に手ちがいがあって鳴らすことができない。ひそかに「ケルンのだんまり鐘」とよばれた。

一九〇八年六月未明、大音響とともに「舌」が落ちてきた。つづいて第一次世界大戦が起こり、鐘は鋳つぶされて大砲になった。人間はまったく、悪魔も思いつかないことをするものである。

アーヘン

ドイツの都市案内には、きまってアーヘンが一番はじめにくる。綴《つづ》りがＡａではじまっているせいだが、歴史的にもとびきり由緒深い。紀元八〇〇年ころ、カール大帝（シャルルマーニュ）がここに王宮をつくり、フランク王国の都に定めた。ゲルマン民族のはじめての国の首都だった。「アーヘンの椅子にすわる」といった言い回しがあるが、ながらくドイツ国王はこの町で即位の儀式をした。

へんな綴りはラテン語の「アクワエ」からできたせいらしい。「水」といった意味で、古代ローマの軍団が置かれていたころは、「熱い水の町」とよばれていた。いまも七十度あまりのお湯が湧《わ》いていて、アーヘン温泉はリューマチや痛風に効く。クアハウスを中心にして安くてきれいなホテルが軒《のき》をつらねている。こちらでは保養が中心だから、大酒を飲んで、カラオケでがなったりしない。静かに散歩して、公園で陽なたぼっこをしている。何もしないで二週間もいると、たいていの病気はなおるようだ。

グラーベンという通りが中心部をとり巻いている。カール大帝のころの町であって、その中がもっとも古い。外にひとまわり大きな通りがあって、古い塔や城門がのこっている。中世のころのアーヘンだ。町の構造そのものが歴史的パノラマを見せてくれる。遺跡であるとともに、ちゃんと現代に生きており、ゴシック様式の市庁舎ではファックスがやりとりされている。城門のなかにオフィスが入っていて、コンピュータが動いている。サラリーマンが塔のわきのカフェで経済新聞を読んでいる。

旧市街の中央にそびえる大聖堂は、カール大帝の王宮に付属した礼拝堂だった。何度も建て増しされて、いま見るようなドームになった。内部には大帝の玉座がある。おごそかな石造りで、ひえびえしている。保養客がつれだってやってくる。温泉プールでひとあびしたらしく、頰《ほお》がつやつやしていて湯気が立つようだ。王冠と温泉のとり合わせが、お伽噺《とぎばなし》のようで、ほほえましい。

アーヘンはドイツのもっとも西にあって、一方はオランダ、もう一方はベルギーだ。帝国主義の時代には、国境が厳しく見張られていた。情報がそこでとだえる。一八四九年、パウル・ユーリウス・ロイターという三十三歳のドイツ人が、この町のポント通りに小さな事務所を開いた。伝書鳩を使って、ベルギーのブリュッセルと通信する。そこから直ちにパリへ送られた。ドイツとフランス間に目に見えない回路を開いた。

数年後、彼はイギリスへ渡り、ロンドンで〝ミスター・ロイターのオフィス〟を開設した。大通信社ロイターのはじまりである。

それが王冠の町で生まれたのは偶然ではなかったかもしれない。いまや情報一つで大統領が喚問され、政権が倒れ、経済がゆらぐ。情報産業こそ現代の王様である。

アレンドルフ

クリスマスが近づくと、ドイツの町々には広場ごとに樅《もみ》の木が立てられ、イルミネーションに灯《ひ》がともる。クリスマス用品の露店が立ち並び、毎日がちょっとしたお祭りだ。白い息を吐きながら親子づれが買い物をする。そんな中にまじって鼻先を凍らせながら、〝プンシュ〟とよばれる熱い飲み物をすするのはオツなものだ。スピリッツにレモン水と砂糖が入っている。少し香料がまじっていて、ほのかな香りがある。わが国でいえば甘酒だろうか。

樅の木は幹がまっすぐで、天をめざすようにスックとのびる。クリスマスツリーにぴったたりである。ドイツ語では「タンネンバウム」。樅の森は直立した兵士が整然と並んでいるようで、そんなところが規律と秩序の好きなドイツ人に合うのだろう。〝オー・タンネンバウム、オー・タンネンバウム〟と歌にあるとおり、古くから親しまれてきた。姿かたち、また尖《とが》った葉の形状からも男性的な感じがする。

もう一つドイツ人の好きな木は「リンデンバウム」、菩提樹《ぼだいじゅ》である。こちらは全体がやわらかい丸味をもっていて、女性的だ。ドイツ語のリンデは「やさしい」という意味があり、リンデルンというと「やわらげる」。だから音の連想からいうと、やさしく心やわらげる木であって、いかにも母にふさわしい。

こちらは「泉にそいて茂る菩提樹」でおなじみだ。シューベルトの作曲までは知っていても、詩のほうはごぞんじでないだろう。ヴィルヘルム・ミュラーといって、十九世紀の前半にバイロン風の恋愛詩人として人気があった。死後はすっかり忘れられ、わずかにシューベルトの歌曲「冬の旅」の作者として名がのこっている。

アレンドルフといって、ドイツのちょうどまん中あたり、ヘッセン州に小さな町がある。かつては城門のかたわらに町と同じほど古いといわれる菩提樹があって、そばに泉が湧《わ》いていた。ミュラーはこのちいさな町を詩のモデルにしたという。

広場の石畳が波を打っていて、三角屋根の薬局や、金具職人の仕事場と隣合って、ハンバーグの店がある。そんなさびしい町も、クリスマスのころは華やいでくる。広場に市《いち》がたち、夜になると豆電球がいっせいに五色の花をつける。

ミュラーが歌った菩提樹は、一九一二年にこの地方を襲った大風で根こそぎ倒れ、枯れてしまった。二年後、同じところに新しい木が植えられ、いまは二代目が雄大な枝をのばしている。

そのリンデの木と同じように雄大なからだの母親と、タンネの木のようなノッポの父親が、子供をまん中にして露店をまわっていた。泉だけは昔のままで、ズングリした四角い石づくり、そのお腹のあたりから水がほとばしっている。上にまん丸な石がのっているので、なにか不思議な白い獣がうずくまっているように見える。

ハーナウ

ドイツ・メルヘン街道の入口にあたるハーナウは、グリム兄弟の生まれた町だが、兄弟は幼いころここを去っているので、あまり町とは縁がない。しかし、グリム兄弟がいなくても、ハーナウはメルヘン街道に欠かせない。

現在は博物館になっているが、大きな城があって「フィリップスルーエ」という。「フィリップのやすらぎ」という意味で、ハーナウ公フィリップ侯爵が夏の憩《いこ》いのために、一七〇〇年から十数年がかりで建てさせた。

城の前に立つと、なんともへんな感じがする。パリのヴェルサイユ宮殿とそっくりなのだ。ドイツにはヴェルサイユ風の建物がいくつかあるが、もっとも早くにできたコピーである。十八世紀のドイツ貴族が、いかにフランス文化に憧《あこが》れていたかがよくわかる。

北に向かって二つの美しい遊歩道がのびている。一つはヴェルサイユと同じように雉《きじ》の公園に行きつく。もう一つは変わっていて、温泉に入っていく。

一七〇九年に源泉が見つかった。ずっと流しっぱなしであったところ、やがてヘッセン国王ヴィルヘルム九世が目をつけ、大きなクアハウスを建てさせた。それで「ヴィルヘルム温泉」の名がついた。正面に六角形をした白い石造りの神殿があって、泉の精が祀《まつ》られている。

まわりは、公園になっていて、「喜劇役者の館」とよばれる劇場や巨大な回転木馬がある。V字形の川床の上に吊《つ》り橋がわたしてあるが、むろん渡るものではなく遊ぶための橋だった。「城の廃墟《はいきょ》」などもある。わざわざ人工的に崩れた城をこしらえた。廃墟をながめ、世の空《むな》しさについて、もの思いに耽《ふけ》るというのが流行していたからである。おあつらえ向きの廃墟がなければ、新しくつくるしかない。

さらに洞窟などもある。隠者が隠れ住む庵《いおり》で、そこにこもって孤独にひたる。温泉館のすぐ近くにあるのが、なんともおかしい。

いずれもフランス革命が起こる少し前にできている。眠りこけたようなドイツの地方都市で、貴族たちがどんなに退屈していたかが目に見えるようだ。

旧市庁舎の木組みと、大屋根に整然と並んだ明かりとりの小窓が美しい。神を信じ、勤勉に働き、誠実に生きていた人々の生活感といったものが伝わってくる。

町にはグリム兄弟の記念像があって、椅子にすわった兄と、腰に手をあてた弟とが、広場の人々を見つめている。グリム兄弟は幼いころ、このハーナウの町で、堅実な市民生活と、お伽《とぎ》の国のような王様の庭を往き来していた。のちにお伽噺を集めようと思い立ったのは、日曜日になると不思議な廃墟や、吊り橋や洞窟を見て育ったせいかもしれない。

カッセル

カッセルはメルヘン街道のもう一つの入口にあたる。町の西の郊外を「ヴィルヘルムスヘーエ」といって、山全体がなんとも不思議な公園になっている。三百年ばかり前にはじまり、代々のヘッセン国の国王が財をそそいでつくりあげた。

まず高々とそそりたつオベリスクが異様である。石の尖塔《せんとう》の上にギリシャ神話の英雄ヘラクレスが立っている。オベリスクの下は「オクトゴン」とよばれる八角形の建物だが、これはただ装飾のためにあって住むことはできない。オクトゴンは人工の岩の上に建てられていて、そこから真一文字に階段状の滝が下っている。計画では、はるか下の池にまでのびるはずだったが、あまりに途方もないので三分の一に縮小された。

ギリシャ神話によると、ヘラクレスはいろんな怪獣や巨人を退治した。その一つをかたどって、オベリスクの上のヘラクレスも足下に怪獣を踏みつけている。七十メートルもの高みにあるのでよくわからないが、双眼鏡で見ると、怪獣の首から水が噴き出るしかけになっていて、それが滝となって流れ下るわけだ。

ヴィルヘルムスヘーエは「ヴィルヘルムの丘」といった意味で、十八世紀のヘッセン王ヴィルヘルム九世にちなんでいる。王はここに、おそろしく巨大な城を計画した。これもまたあまりに大きすぎて、何度も工事が中断し、四十年あまりかかって、ようやくいま見るようなたたずまいになった。完成したときは、すでに城の時代は過ぎ去っていた。

同じ高台の西寄りにあるレーヴェンブルク(獅子《しし》の砦《とりで》)も、なかなかの見ものだ。中庭を囲んで中世風の塔が並び、なかでも八角の塔が、ひときわ高く天にのびている。

砦のつくりであるが、塔のかなりが半ば崩れている。もともと、そんなふうにつくられた。十八世紀のヨーロッパには遺跡趣味が流行していた。設計図を引いて、崩れかけた建物や、荒廃した庭をつくった。

遊歩道を歩いていると、なにやら夢を見ているような気持ちになってくる。また、そんな夢をひき起こすためにつくられた。ヴィルヘルム九世のような王たちは、「バロック大公」などとよばれている。あふれるような生命力の一方で、独特の無常観をもち、はなやかに現世を享楽しながら、同時に激しく死にあこがれた。そんな時代の人々の複雑な内面をのぞかせてくれる。

幸いにも現在は城がヘッセン州立美術館になっていて、ここのレンブラント・コレクションはすばらしい。ヴィルヘルム九世の叔父にあたるヴィルヘルム八世がオランダに軍司令官として滞在中に、せっせとあつめたそうだ。まださほど世に知られていなかったレンブラントに目をつけたのは、よほどすぐれた審美眼の持ち主だったのだろう。

休憩室のカフェをのぞくと、焼きたてのねじりパンがぶらさがっていた。熱いコーヒーをゴクリと飲んでパンにかぶりついたら、やっと白昼夢から現実に立ちもどった。

フルダ

ヘッセン州フルダの町には、王城と肩を並べるようにして大聖堂《ドーム》がそびえており、ここがカトリックの重要な拠点であったことがうかがえる。聖ボニファティウスの弟子のストゥルミウスが八世紀半ばにベネディクト派の僧院を建てたのがはじまりだそうだ。両名が何者なのか、まるで知らない者にも、高名な人物とかかわりがあると、俗界だけではなく宗教界でも一目置かれるらしいということはよくわかる。

それかあらぬか大聖堂の巨大なことときたら！　見上げながら全景をカメラに収めようとすると、前の広場をどこまでもあとずさりしていかなくてはならない。応じて内部も広大で、石の壁と天井をもつ途方もない大広間に入ったぐあいだ。主祭壇のうしろにも通路があって、大理石の階段を下りていくと、聖ボニファティウスの墓に行きつく。重厚な石室に、これまた重厚そのものの石棺《せっかん》が置かれている。辺りはひえびえとして空気まで凍りついたぐあいで、まさしく石でもって永遠の時間を封じこめた。時の流れをとどめるなど、むなしい試みだと思うのだが、この世で「神の御意志」といった超越的なものを示現させるためには、なんとしても地上に「不壊《ふえ》の城」を築かなくてはならない。空気さえも凍りついた石室には、そんな強烈な人間の意志が見てとれる。

大聖堂と隣合った高台にミヒャエル教会があって、これも負けず劣らず巨大な伽藍《がらん》をそびえ立たせている。案内人に導かれた団体のおしりについて歩いていると、しきりに「ロトゥンデ」と「クリュプタ」が聞こえてきた。とりわけ見ものに値するものらしい。前者はたしか「ロタンド」ともいって、円型をした小さな塔、後者は地下聖堂を意味している。しかし、俗人には別の使い方があって、前者は円い形の公衆トイレのこと、後者は解剖でいう「陰窩《いんか》」である。神妙にうなずいている団体客のなかにも、ひそかに別のロトゥンデとクリュプタを思っている不届き者がいたのではあるまいか。

聖界の大きさにくらべ、俗界はごくつつましい。旧市庁舎、町の広場、また家並みが、いかにも人間的なスケールでひしめいている。広場の一角がかつての宿駅で郵便馬車が休憩していった。ドイツの郵便制度は、ある大貴族が出資し、民営としてはじまった。その貴族一族の紋章をいただいた馬車が街道を走り、宿駅にも同じ紋章がつけられていた。薬局の隣の建物の正面に、その紋章がのこっていた。現在は楽器・CDの店らしく、古ぼけた紋章を囲むように音譜のデザインが散らしてあった。

旅好きだったゲーテは二十代のころにフルダで途中下車をした。僧院と僧侶の町に敬意を表したのだろうが、すぐに退屈したらしく、そそくさと立ち去っている。ちなみに昔ばなしに「フルダの町」というシリーズがある。「昔、フルダの町に――」というのが出だしで、滑稽な出来事や、間が抜けたドジな市民たちの笑い話になる。それにしてもおごそかな宗教都市の市民たちが、どうしてバカ者の代名詞になったのだろう？

散歩道　『ぼうぼうあたま』

十九世紀半ばごろのことだが、フランクフルトにハインリヒ・ホフマンという医者がいた。少し変わった先生で、かたわら小説や詩を書く。絵も描いた。時事小唄などもつくった。どれも下手くそで、本にしようにも出版社が見つからない。ホフマン先生は幼い息子のためにクリスマスの贈り物を思案していた。本屋に出かけてさがしたが、気に入った本がない。そこで当人が絵本をつくった。手づくりの絵本を見た友人のすすめで出版社にもちこんだ。タイトルは『シュトゥルッヴェルペーター』とした。「シュトゥルッヴェル」は髪を切るのをいやがって、のばしっぱなしにしていること。これを少年ペーターとくっつけたわけだ。わが国では昔から「ぼうぼうあたま」と訳されている。

詩の形をとった短いおはなしに挿絵が十五枚ついていた。第二版には「ぎょうぎのわるいフィリップ」と「かわいそうなパウリ」が加わり、絵が二十枚にふえた。第四版で「空にとばされたロバート」が登場し、挿絵が二十四枚にふえた。毎年売り切れて、版を重ねた。

このあとがものすごい。一八九八年には二百版があらわれた。著作権のきれる一九二五年までに五百版を数えた。

フランクフルト市中のマイン川に近いところにホフマン博物館があって、ありとあらゆる『ぼうぼうあたま』がとり揃《そろ》っている。世界中で訳されたからだ。わが国の最初の版はカタカナ書きで『ボウボウ・アタマ』となっていた。

すべて「わるい子」が主人公で、散髪がいや、爪を切るのが嫌い、スープもいや、強風の日に親の目を盗んで凧《たこ》あげにいく……。そんなペーターやカスパールやパウリの物語。

ホフマン先生のころのドイツは、とりわけ教育熱が高まったときだった。アルファベットの形をしたビスケットがあるが、ドイツ人の発明であって、教育ブームにあやかったものだ。午後のおやつにも、お勉強をさせられる。

『ぼうぼうあたま』が大ベストセラーになったのは、子供にとって「よい子」のはなしがつまらなく、「わるい子」であるのがとても楽しいからだ。「スープいやいや、だいきらい」などといっていると、カスパールのように糸みたいに痩《や》せてしまうかもしれないが、しかし、いやなスープはやはりいやなものなのだ。大嵐の日に凧あげにいった少年は風に吹きあげられて帰ってこなかったが、「だれもしらない、くものうえ」にいるほうが、学校に行くよりずっとおもしろい。

ホフマン博物館には、わるい子のロバートが大人になったようなおじさんが受付にいた。たのまれたので日本語の『ぼうぼうあたま』を小学生のように声をはりあげて読んだら、うれしそうに目を細めて聞いていた。

ヴィースバーデン

ドイツの主だった都市には、きっと「ダス・アルテ・ラートハウス」がある。「旧市庁舎」といった意味で、町役場が手ぜまになり、新しく造る際、古いのを取り壊さなかった。ほかの用にあてたり、あるいは元のまま保存している。町の生い立ちの生き証人であるからだ。ヴィースバーデンはヘッセン州の州都だが、さわがしいのはお隣のフランクフルトにまかせたぐあいで、こちらはもの静かな、落ち着いた町である。州の機関の並ぶ一角に、二階建ての可愛らしい建物がある。石造りで壁は黄色、正面に美しい小屋根をそなえ、洒落《しゃれ》た石段がついている。二階の軒《のき》にテラコッタのレリーフ板がはめこまれている。一六一〇年に建てられた。

そのころ、ヴィースバーデンは戸数二百ばかり。ラートハウスは「協議する家」といった意味だが、はじめは建物もなく、広場に集まってすませてきた。協議の一つに裁判がある。

ヴィースバーデンの飲泉場

ドイツ人がリンデンバウム（菩提樹《ぼだいじゅ》）を大切にするのは、それが裁判権のシンボルとされていたからで、広場のリンデンバウムの下が即席のラートハウスになった。

しだいに戸数がふえてきて建物をつくることになったのだろう。古い記録には、設計や施工を依頼した建築家や石工《いしく》の名がのこっている。そこにはまた、「全住民が七週間、無報酬で働いた」といった記述がある。まさしく全員が力を合わせてつくりあげた。

裁判所を兼ねていたので、建物には鉄の鎖《くさり》のついた晒《さら》し台や首輪があった。市《いち》のたつ日に罪人を引き出して晒しものにする。壁に悔悟のことばが刻まれていた。

友よ、ひと足遅かった
さもなければ、君の忠告に従ったのに

十九世紀になって刑法が改められ、ようやく晒し台や首輪が姿を消した。広場のベンチで人々がパイプをくゆらしたり、新聞を読んだりしている。そのなかにまじって、石造りの「生き証人」と向かい合っていると、町の成り立ちがしみじみとよくわかる気がする。

ヴィースバーデンの旧市庁舎にはまた、壁にさまざまなレリーフが見える。女神像が十字架をもつのは「信仰」をあらわしている。錨《いかり》をもち肩にハトをとまらせたのは「希望」、赤ん坊を抱いてブドウの房をもったのは「隣人愛」、秤《はかり》をさげたのが「正義」……。生活のなかで、よりどころとすべきモラルを、それとなく語りかける。ラートハウスの「ラート」には、協議のほかに「忠告・助言」といった意味もある。単なる町役場だけではないのである。

地下がたいていケラー（酒場）になっている。厄介な協議をすませたあと、人々はむろんビールやワインを飲んだ。だからラートハウス・ケラーは、その町でいちばん古い酒場だと思えばいい。見知らぬ顔がまじりこむと、さっそく隣人愛あふれた歓待を受け、おしまいにきっとお国自慢を聞かされる。

ヴュルツブルク

マイン川が大きなV字形をえがいて流れる辺りをマインフランケン地方といって、中心都市はヴュルツブルクだ。いかにも「古都」という名がふさわしい。いまも中世の城壁が残っている。由緒深い教会がいくつもある。

このヴュルツブルクをはじめとして、マインフランケン一帯の教会や礼拝堂や修道院に、すばらしい彫刻がちらばっている。祭壇や墓碑に、聖母マリアや聖人たち、あるいは死者たちを大理石で刻み出した。作法どおり崇高《すうこう》にして、美しくつくられているが、どこにでも見かけるおさだまりのものとは、あきらかにちがうのだ。美しさそのもの、品格といったものがまるきりちがう。

そのことは、ずっと昔からささやかれてきた。しかし、作者がわからなかった。誰の手になったものか記録がない。「ティル親方」、あるいはディル、「マイスター・ディル」とだけつたわっていた。

三百年ばかりたって、やっと名前が判明した。ティルマン・リーメンシュナイダーといって、ヴュルツブルクの人。どこで学び、誰について修業したのかは、いぜんとして謎《なぞ》である。生年すら不明。死んだ年はわかっている。一五三一年七月、聖キリアンの祝い日に世を去った。七十歳あまりだったとされている。

美術史では「後期ゴシック芸術」などとよぶようだ。同じころドイツに、大いなる才能をもった者たちがあいついであらわれた。絵画ではデューラーやグリューネヴァルト、ショーンガウアー、彫刻ではファイト・シュトス、ペーター・フィッシャー。ティル親方も、そんな一人で、きっと同じようにオランダへ修業に出て、腕を磨いたものと思われる。故郷のマインフランケンにもどり、工房をつくって仕事をしたのだろう。教会や修道院からたのまれると、用向きや大きさに応じて見本をみせ、弟子たちを使って形どおりにつくっていく。同じような祭壇には、同じサンプルをあてた。とにかく納期にまにあわせること。

そんな工房の親方が、いつしか芸術家になっていた。人物の表情、しぐさが個性的な生気をもち、はげしく訴えかけてくる。衣服のひだ、また全体のつくりが流れるようにのびやかで、ながめていると、もの静かな瞑想《めいそう》にさそわれていく。

ティル親方は一人の工匠にとどまらず、ひろく世の中をみて、よく考える人だったのではあるまいか。ひところは市長にあたる公職についていた。おりからドイツで起きた農民戦争では、貧しい農民側に立って支援した。そのため捕らわれて拷問《ごうもん》を受けた。名前がいっさい消されたのも、そのせいらしいのだ。

もともとティル親方は、署名などに関心はなかっただろう。車輪を発明したり、壺《つぼ》に簡素な形を与えた人々と同じように、仕事を終えると、そそくさと道具をしまって風のようにいなくなった。村の居酒屋でひっそり、フランケン・ワインでも飲んでいたのではなかろうか。

ゾーリンゲン

どうしてゾーリンゲンが刃物の町になったのか。

刀鍛冶《かたなかじ》がはじまりだった。中世の騎士がたずさえていた大層な剣である。鍛冶場には火と水とがいる。ゾーリンゲンはライン川の支流ヴッパー川の谷あいにあり、近くにはルール地方の石炭が控えていた。中部山地から豊富な木材がとどけられる。

刀鍛冶の技術は親方から弟子へと伝えられた。やがて時代の変化に応じ、刀から日常の刃物に転換したが、厳しい徒弟制が高い水準を保ってきた。できあがった製品は職人組合が一手に管理して選別する。その目にかなった品物が世の中へ出ていった。ゾーリンゲン製には兄弟が手をつなぎあったようなマークが刻まれているが、誇り高い生産共同体の象徴というものだ。

町の酒場で、いかにも頑固そうな老人がワインを飲んでいた。ゾーリンゲンからデュッセルドルフ一帯を、かつてはベルク公国といった。ベルク語といって、やたらに方言が強い。土地の人の言葉を聞いていると、とてもドイツ語とは思えない。ゾーリンゲンの刃物のように、言葉もまた代々にわたり頑固にひきつがれてきたのだろう。

市中のヴッパータール通りに駅舎のような建物があって、刃物博物館になっている。ナイフ、鋏《はさみ》、髭剃《ひげそ》り、食器、医療器具……。ナポレオンの侍医だったジャン・ドミニク・ラリーがあつらえた手術用具一式があったが、それはむしろ拷問《ごうもん》用具一式というべきものだ。麻酔のないころ、人はどんな苦痛に堪《た》えたのだろう。

ながらく処刑には首斬り刀が使われた。ゾーリンゲン製は性能がいいので、ヨーロッパ各地から注文が殺到した。職人の腕の見せどころである。なにしろ町の広場における公開処刑だったので、刑にまつわり刀もあれこれと取りざたされる。名刀の聞こえの高かったのが展示されている。飾り書体で刻銘がほどこされていた。

「コレニテ300ト6人ノ首ヲ刎《は》ネタリ」

四十通りに使える折りたたみナイフというのもあった。職人のうちの工夫好きが考えたのだろう。腕自慢が日夜、あれこれ新案を出しあっていたのが目にみえるようだ。

シンデルフィンゲン

上空から見ると、シュトゥットガルトの南西に銀色の湖がひろがっている。近づくとわかるが銀色に光るのは水ではなくて金属の屋根、ダイムラー＝ベンツ社の自動車工場である。六十万平方にわたる銀傘の下で、ベルトコンベアからつぎつぎと車が生まれてくる。

もともとはシンデルフィンゲンという小さな町だった。ネッカー川がのこした大きな谷あいにあたり、足の便が悪い。ロマネスクの聖マルティン教会を中心とする町並みは中世このかた、ちっとも変わらない。小さな織物工場があって、時代遅れの機械で布を織り、馬車で問屋に納めていた。

一九一六年、ダイムラー社が移ってきた。ゴットリープ・ダイムラーが最初の四輪自動車をつくったのは一八八六年である。シュトゥットガルト近郊の工場が手ぜまになった。第一次世界大戦がはじまり、ダイムラー社は飛行機製作にのり出した。そして広大なネッカー川の谷に目をつけた。

一九二六年、シュトゥットガルトのダイムラー社とマンハイムのベンツ社が合併して、シンデルフィンゲンの工場は年ごとに大きくなっていった。

銀屋根の長さは数キロに及び、その下で四万の人が働いている。従業員の住居圏は周囲五十キロに及び、行政区でいうと四百をこえ、それぞれが車、あるいはバスで通ってくる。工場内の駐車場は八千台を収容し、毎日、千七百余の工場から二千五百台にのぼるトラックが部品の納入に来る。工場わきの貨物駅には、日夜をわかたず四百の貨物列車が発着して資材を下ろしていく。

シンデルフィンゲンの人々は、そんな数字をよく知っている。「わが町」の自慢の種であるからだ。まわりに新住民が住みついて、たちまち人口が三十倍になった。学校、幼稚園、病院、スポーツ施設、教会、ホール、新庁舎……。つぎつぎにつくられた。

しかし、町の中心部は旧のままである。聖マルティンさまの可愛らしい教会と、赤い屋根に黄色い壁の家々がよりそうように並んでいる。十三世紀にテュービンゲン公ルドルフがひらいたころの雰囲気を色濃くとどめている。誇り高い人々は、自動車会社に合わせて町名を変更したりしなかった。

町の人々にとって一つだけ残念なことがある。ダイムラー産の世界的な名車が「メルセデス」であることだ。同社フランス代理店の店長の娘の名前をとったという。もし事情がちがっていれば、「シンデルフィンゲン」のマークで世界に雄飛していたかもしれないが、この名前は荷馬車向きではあれ、高級車向きではないことを、認めないわけにはいかないのだ。

フランクフルト

ドイツにはフランクフルトが二つあることは、北ドイツのフランクフルト・アン・デア・オーダーのところで述べた。区別するため、こちらはフランクフルト・アム・マイン、つまりマイン川の「渡船場」だった。

なるほど、いい位置にある。マイン川はすぐしも手でライン川と合流する。ドイツ中央部の要路をおさえ、町は商都として発展した。その伝統は今も生きている。フランクフルト・アム・マインはドイツ経済の金庫番であって、ヨーロッパ通貨ユーロ（ドイツ名「オイロ」）の登場とともに、なおのこと活気づいた。

二百年ばかり前のことだが、この町にマイヤー・ロートシルトというユダヤ人の銀行家がいた。当時、金貸し業は戸口に赤（ロート）の標識（シルト）をつける習わしがあった。それをそのまま姓にしたのだろう。めきめき頭角をあらわして、やがてヘッセン大公の金庫をまかされた。

一八一五年、ワーテルローの会戦でナポレオンはイギリス軍に敗れた。ロートシルトは伝書鳩を採用していたので、同業者よりひと足早くフランス軍の敗北を知り、ただちに預かっていた資金をそそいでイギリスのポンドを買った。ロートシルトを英語読みするとロスチャイルド、世界の金融王である。フランクフルトの一商人から大きく飛躍するきっかけが、まっ先に手に入れた一つの情報だった。

もしかすると、フランクフルトは、二十一世紀ヨーロッパの都市の姿を先取りしていたのかもしれない。古い教会と超近代的なビルとが隣合っている。パソコンがずらりと並んだオフィス街を曲がると、十九世紀そのままの小路に入りこむ。アンバランスのようでもあれば、それなりに調和がとれているようでもある。

オフィス街のまっただ中に、お伽噺《とぎばなし》から抜け出てきたような白い塔がそびえている。「エッシェンハイムの城門の塔」といって、この町がまだ城壁に囲まれていたころ、こんな塔が六十ばかりもあった。十五世紀に建てられたもので、高さ四十二メートル、中世のフランクフルトを伝える唯一の生きのこりだ。外に向いて帝国の鷲《わし》が、市中に向かってもう一つの鷲が紋章として羽ばたいている。

上に四つの可愛らしい小塔があって見張りの窓がのぞいている。てっぺんに旗の形をした鉄の風見がついている。双眼鏡でながめると、その風見に九つの穴があるのがわかる。

由緒ある穴だそうだ。むかし、ハンス・ヴィンケルゼーという野盗がいて、この塔を根城にしていた。射撃の名手で、あるとき賭《か》けをして、みごとに九発を命中させた。

鉄が朽ちるので百年おきぐらいに取りかえられる。そのたびにきちんと九つの穴あき風見鶏をとりつける。市当局は金勘定をしているだけではない。なかなかユーモアをこころえている。

バート・ホンブルク

フランクフルトの北にバート・ホンブルクという小さな町がある。バートというのは「温泉」という意味だから、わが国流にいうとホンブルク温泉である。

むかし、ここをホンブルク大公が治めていた。立派な宮殿がのこっている。高台の崖《がけ》っぷちにあって、中庭に白くて丸い塔がそびえているのは、守りの城でもあったからだ。十七世紀の中ごろの大公をフリードリヒ二世といった。剣の名手で、豪胆な人として知られていた。一六五九年、スウェーデンとの戦いに加わってコペンハーゲンへ出かけ、大けがをした。右脚を大砲にふきとばされた。正確にいうと、ふきとばされたのではなく、太もものところから腱《けん》一本でぶらさがっていた。フリードリヒ大公は伴《とも》のものにナイフを借りて、自分の手で脚を切り落とした。

ホンブルク城は公開されていて、中を見物することができる。宝物《ほうもつ》の一つに「銀の脚」がある。勇気ある大公のために、町の職人が美しい脚をつくった。やや細身で、太ももにピタリと収まり、革のバンドでとめる。足首と指先に精巧なバネが使ってあって、自由に動く。その部分が銀でつくられているので「銀の脚」の名前がついた。

劇作家クライストに『ホンブルク王子』という戯曲がある。そこでは王子は命令を無視して勝手な行動をするが、クライストのフィクションである。実際は勇気とともに思慮もかねそなえた人物だったようだ。銀の脚のかたわらに肖像画がかかっていて、おだやかな、いい顔をしている。だれかと似ていると思って考えたら、老ゲーテとそっくりだった。

温泉の町だから、大公の大けがは、むしろ好都合だ。ホンブルクの湯が瀕死《ひんし》の傷を癒《いや》した、といった宣伝になる——いや、そんなことはない。そもそも十七世紀のころ、ドイツ人はまだ温泉の効能に気づいていなかった。現在はクアハウスや温泉プールがそなわっているが、それはようやく十九世紀になっておめみえした。

イギリス国王エドワード七世がまだ皇太子のころ、なぜかホンブルク温泉がお気に入りで、よく湯治にやってきた。フェルト製の、少し変わった帽子をかぶって町を散歩した。いまも帽子に「ホンブルク」型というのがあるが、このときの帽子が発祥である。二人の王子が期せずして町の宣伝役になった。

温泉プールから出てきて、通りをブラブラしていると、眼鏡をかけたおばあさんが窓辺で真鍮《しんちゅう》の壺《つぼ》を磨いていた。ホンブルクの湯は、おばあさんには熱すぎるが、お湯で壺を磨くと、よく光るそうだ。なるほど、どの壺も湯上がりの顔のようにテラテラしていた。

マンハイム

マンハイムの旧市街には、通りに名前がない。ビスマルク通りとか公園通りのかわりに、A6・5とかM2・4といったぐあいだ。土地の標示をコンピュータ式に簡略化したわけではないのである。三百五十年ばかり前から、アルファベットと数字を組み合わせる方式がつかわれてきた。

中心に太い十字の通りがあり、これを軸にして碁盤目状《ごばんめ》に区切られている。正面の王宮からみて左半分は、縦にAからKまで、右半分はLからUまで、また横は左右それぞれ1から7までにわりふった。まるで王さまの前に、家来や召使が整然と列をつくって居並んでいるようだ。実際そのとおりであって、絶対君主の時代には、町全体がうやうやしく王の御前に控えていた。

ライン川とネッカー川とのあいだの丘陵に砦《とりで》が築かれたのがはじまりだった。星形をした外壁に囲まれていた。そのなかを碁盤目に仕切ってブロックにした。土地を売り出すにあたり、オランダ商人に宣伝文を送った。古今東西、不動産の広告は変わらないらしく、「安全保証、河港に近く商売に最適、風光明媚《ふうこうめいび》」といったキャッチコピーが並んでいる。

環状道路とよばれているのが、かつての外壁のあとである。ドイツにはながらく「クーアフュルスト（選帝侯）」とよばれる有力な領主がいた。一七二〇年にプファルツ選帝侯カール・フィリップが王都をハイデルベルクからマンハイムに移して、大々的な町づくりをした。王宮が並外《なみはず》れて大きいのは、王都の威光を示したかったせいだろう。ライン川に面して、当時ヨーロッパ最大といわれた公園をつくった。

無意味に大きいばかりだったが、何が幸いするかわからない。王さまの時代が終わったのち、王宮には大学が入った。だだっぴろいので、ちょうどいい。またライン川をまたいだ自動車道路の導入路をつくる際、巨大な公園が役に立った。いまそこには何本ものコンクリート道路がうねっている。そのうねうねした形から「カタツムリ・ヌードル（うどん）」の名がついた。

劇作家シラーは一時、マンハイムに住んでいた。観光ガイドブックにシラーの住居跡が掲げてある。つまり、L2・1・84の建物B5・9。

ここではM6・2のカフェで人と待ち合わせ、K2・4のレストランで食事をして、D2・3・7の映画館で映画を見る。便利なようでもあれば、味気ないようでもある。無駄なようだが、伝説や、人物や、出来事にちなんだ名前のあるほうが、生活がたのしいのではあるまいか。

そんな町の特徴のせいか、マンハイムは詩人や芸術家に敬遠されて、もっぱら商人や工業家の町として発展した。カール・ベンツが最初の自動車工場をつくったのもマンハイムである。大通りには化学会社や薬品関係の本社がズラリと並んでいる。なるほど、頭痛にはF5、便秘にはB6といったのが効きそうだ。

散歩道　大盗シンデルハンネス

昔、ひとりの泥棒がいた。名前はシンデルハンネス。フランクフルトの南西にキルンという小さな町があるが、このあたりを根城にした。泥棒も大物になると、あだ名でよばれる。シンデルハンネスは本名をヨハネス・ブュックラーといって、一七八三年の生まれ。幼いときに皮革職人のもとへ奉公に出た。シンデルはその職名で、「皮革屋ハンネス」といった意味である。

ちょっとした悪さを親方にとっちめられて、人前で鞭《むち》打たれた。それで悪の道に走ったといわれている。地図を見ると、キルンの辺りには千メートルにちかい山がつらなっている。北のモーゼル川がやたらにくねくねしているのは、地形が入りくんでいるせいである。野盗には願ってもない。追われると山に逃げこめる。すぐ西はフランスで、国境をこえれば、さしあたりは安全だ。

そのころ南ドイツに「古着屋ベーバー」とよばれる盗賊がいた。参謀のペーター・ペトリは色が黒いので、あだ名が「まっ黒とっつぁん」だ。親方のもとを逃げ出したシンデルハンネスは、この一味に入った。

文豪シラーが『群盗』という劇を書いている。当時、ドイツ各地に野盗がいた。盗みをするだけではない。シラーがえがいたように、封建領主にたてついて自由に生き、権力を笠にきる連中の鼻をあかした。シンデルハンネスが民衆のヒーローになったのは、そんな背景があったからだ。いつも肌身はなさず聖書をもっていたといわれている。風のように現れ、貴族や大地主から奪ったものを貧しい人々に分けた。悪辣《あくらつ》な代官をやっつけた。キルンの町はずれの宿屋を作戦本部にしていたらしい。十六歳のとき、「まっ黒とっつぁん」にかわって参謀になった。

ドイツのロビン・フッドである。民衆のヒーローは人々の想像のなかで美しく脚色された。事実はもっとちがっていただろう。だが、シンデルハンネスがとりわけ金貸しを襲ったのは、世の中をよく見ていたといっていい。銀行業のはしりである。ドイツでもおそまきながら、土地経済から金銭経済への移行がはじまっていた。そのなかで金貸し業が暴利をむさぼっている。とりわけ悪辣な業者をとっちめたとき、シンデルハンネスは町の人々を招いて盛大なお祝いをした。

一八三〇年に逮捕され、翌年、マインツで処刑された。

ドイツの百科辞典にはシラーの少しあとにシンデルハンネスがちゃんと出ている。キルンは街道すじの眠ったように静かな町である。世をはばかった人物だから銅像などはないが、店の名前や看板にひそんでいたりする。シンデルハンネスたちが作戦をねった宿屋はとりこわされて、ドライブインになった。

ダルムシュタット

ダルムシュタットは、ながらくヘッセン大公国の首都だった。首都には官僚がつきものであって、役所勤めがどっさりいた。お昼ともなると、山高帽にフロックコートのいで立ちで通りに出てくる。

いまもダルムシュタットの中心部には、古い町の面かげがのこっている。白い塔や城門のかたわらや、すりへった石畳の広場を、昼の日なかに、あまり仕事をしないような小役人タイプが、そぞろ歩いている。顔みしりと出くわすと、足をとめ、軽く会釈《えしゃく》をする。それからまたのんびりと歩いていく。

ダルムシュタットの郊外に「マチルデの丘」とよばれるところがある。ヘッセン国の最後の大公エールンスト・ルートヴィヒは、あまり役人たちとつき合いたくなかったのだろう。

むしろ芸術家たちと親しんだ。丘一帯を芸術家のコロニーにして、妻の名にちなんで命名した。

十九世紀から二十世紀にうつる変わり目だった。当時、アール・ヌーボー様式が流行していた。ウィーンやベルリンから若い建築家がやってきて、アール・ヌーボーの家を建てて住みついた。好むところの制作をすればいい。生活は保証され、作品はヘッセン国が買い上げる。生活の保証はしても制作に口出しはしない。大公は、まさに理想的なパトロンだった。

さっそく官僚がいろいろと口出しをしたのだろう。財政難をいいたてて反対したにちがいない。コロニーは数年で中止になった。

「婚姻の塔」の日時計

丘の上に「婚姻の塔」とよばれる美しい塔がスックとそびえている。最上部が五本の指をのばした形をしていて、まるで手をひろげて新しい世紀を迎えるぐあいだ。まわりのアール・ヌーボーの建築は、百年にちかい歴史を経て、夢の建物のような優雅さをおびてきた。

この町のベルリン通りにあるヴェラ博

物館は装身具のコレクションで知られている。人間はなぜか身を飾りたがる生きものであって、さまざまな装身具を考案してきた。クレオパトラは香水を愛用したし、ギリシャの哲学者も髭《ひげ》を剃《そ》った。

変わり種は「蚤《のみ》取り器」だろう。少なくとも私はダルムシュタットで初めて実物を見た。ブローチのようにつり下げる方式で、まわりに点々と小さな穴があいている。中に塗り薬をしかけ、匂《にお》いにさそわれてとびこんだ蚤が出られないような構造になっているらしい。

貴族の宮廷生活は華麗だったようだが、週に一度も風呂に入らなかった。女性は何枚もの下着を身につけている。蚤には、ことのほか居ごこちがいい。サロンのおしゃべりがひと段落つくと、貴婦人たちはわれ先に小部屋へ走りこみ、かゆいところをボリボリかいた。

ガラスごしにじっくりながめたが、白い蚤取り器はあまり使われた形跡がなかった。たぶん、あまり役に立たなかったのではあるまいか。

ハーメルン

そろそろハーメルンの笛吹き男に登場してもらおう。

一二八四年六月のことだという。ハーメルンの町に一人の男がやってきた。いろんな色の布を縫《ぬ》い合わせた服を着ている。ネズミを退治してやるという。町はネズミに悩まされていた。大量に発生して、わがもの顔に走りまわり、穀物を食いあらす。町当局はネズミ退治の取り決めをした。

「ピパー」とよばれていたらしいが、フルートのような楽器だったと思われる。男がそれを吹いて通りを歩いていくと、あちこちからネズミがあらわれ、あとについていく。男が川に入るとネズミもつぎつぎと水にとびこみ、溺死《できし》した。

悩みの種のネズミがいなくなった。にもかかわらず町当局は報酬を支払おうとしない。怒った男は、またもや笛を吹いて通りを歩きだした。こんどは町中の子供が男のあとについていく。「百三十人の子供がコッペンに消えた」と記されている。コッペンベルクという山に入ったまま帰ってこなかった。

不思議な事件である。謎《なぞ》めいた記録だけがのこっている。町で何か起きたことはたしかだが、それがよくわからない。ネズミ退治を職業とする人がいて、ドイツ語では「ラッテンフェンガー」という。いろんな色の布を縫い合わせた服もあった。芝居の道化役は、そんないで立ちで舞台に出てくる。あるいはその服は「いろんな意味がある」といったことを暗示しているのかもしれない。

ハーメルンの町と、ミンデンの司祭とが争いをしていて、一二六〇年七月に、町の自衛軍が教会側の軍に打ちまかされた、「セデミュンデの戦い」とよばれる経過があって、そのことを伝えたものだという説がある。男が子供をつれ去った日はヨハネとパウロの祝い日で、それは敗北の日にあたる。

べつの説によると、当時、ドイツ騎士団が東方への進出にのり出していて、トランシルヴァニア地方にドイツ人の町をつくった。ハーメルンでも一家をあげて移っていく人々が出てきて、町が一挙に寂しくなった。「コッペンに消える」は、そのことを語ったものだという。行方不明の子供と東方で出くわしたという話もあって、それと符合するそうだ。

いずれにしても、たしかなことはわからない。契約の大切さを伝えるたとえ話かもしれない。いちど取り決めをしたからには、たとえあとでは不都合であっても、きちんと守るべし。さもないと、より大きな災《わざわ》いにみまわれる。そのことの教訓なのか。「契約」という社会的マニュアルがあらわれた最初の例なのか。

ハーメルンは小さな、これといって何もない町だが、伝説のおかげですっかり有名になった。観光客がゾロゾロとやってくる。笛吹き男の笛に吹き寄せられたぐあいだ。夏のお祭りには、ネズミに扮《ふん》した子供たちが、チュウチュウ鳴きながらついてまわる。現代の笛吹き男はクラリネットを吹いている。

バイロイト

大のワーグナー好きをワグネリアンというが、音楽祭の季節ともなると、世界中からワグネリアンがバイロイトへやってくる。いつもは見ばえのしない小さな町に華やかな衣装があふれ、夜ふけになっても話がつきない。ワーグナー歌手のこと、ワーグナーの演出のこと、バイロイト劇場の監督のこと、舞台装置のこと……。ワグネリアンは、ワーグナーのことしか話さないから、まるで秘密結社の集会のようだ。

むろん、ワグネリアンでなくてもバイロイトを訪ねてかまわない。ホーフガルデン一番地、そこがフリーメイソン博物館になっている。ドイツで秘密結社フリーメイソンが盛んになったのは十八世紀のことだが、バイロイトにも支部があった。メンバーのなかに蒐集《しゅうしゅう》好きがいて、フリーメイソンが使用した衣服、リボン、バッジ、その他、こまごましたものをどっさり集めたのだろう。入会の儀式に特別の剣をもって「秘密」を誓わせ、厳しい沈黙が義務づけられていた結社である。いまでも、くわしいことはよくわからない。

多くの文書が保存されていて、結社の変化が読みとれる。教会からも権力者からも、うさんくさい目で見られていた。ことあるごとに禁止令や弾圧をくらった。結社の内部でも変化があって、組織の改革を主張するグループが出てくる。一七四五年に出された文書によると、改革派が旗上げして、その一つは「モプス結社」と称したらしい。モプスは小型のブルドッグでおそろしく忠実な犬である。これを忠誠のシンボルにして、指導者を〝モプス長〟といった。あまりうれしい称号でなかったらしく、まもなく小型ブルドッグ集団は消滅した。

古文書のなかに町の記録がまじっていた。その一つによると、十九世紀初めのバイロイトで毒薬事件が世をさわがしたようだ。一八〇八年十月、ひとり者の官吏が死んだ。翌年五月、また一人。つづいてべつの家の母親が亡くなり、のこされた子が原因不明の病気になった。主人が会食を催《もよお》したところ、しばらくして客がからだの不調を訴えた。どの場合にも一人の家政婦がかかわっていた。

裁判記録では「シェーンレーベン事件」となっている。本名アンナ・ツヴァンツィガーといい「シェーンレーベン（美しい生活）」という名で家政婦をつとめていたからである。バイロイト警察は死亡した三人の墓を開いて死体を発掘した。いずれにも砒素《ひそ》が検出された。

ヨーロッパの歴史や風俗史には、しばしば出てくる。毒薬は宮廷の陰謀や後継者争いにつきものであり、秘毒はなぜか「ナポリの涙」とか「ミラノの香水」などとイタリア名でやりとりされた。犯罪にも美学があったせいかもしれない。ワーグナーはバイロイトの毒薬事件を知っていただろうか。気のせいか、壮大なワーグナーの楽劇には、どこか秘密と劇薬の匂《にお》いがする。

アイゼナッハ

中部ドイツ、アイゼナッハの町の郊外に塔が見える。こんもり繁《しげ》った小山の一方は崖《がけ》で、その上に中世初頭、ワルトブルクの城がつくられた。領主は気前がよかったので、遍歴の歌人や詩人がやってくる。大広間で歌のコンクールが催《もよお》された。ヴォルフラム・フォン・エッシェンバッハといった吟遊詩人は、この城で名をあげた。

若いワーグナーはパリからドレスデンへ急ぐ途中、ワルトブルク城を訪れた。いまは修復されて、すっかりきれいになっているが、ワーグナーがやってきたころは、色濃く中世のたたずまいをただよわせていただろう。コンクールの催された広間や、歌人たちが待機していた廊下を見てまわるうちに、野心的な音楽家が何も思わなかったはずがない。やがてワルトブルクの「歌争い」を主題にした楽劇『タンホイザー』の構想がまとまった。

舞台となったのは二階で、一階は「聖エリーザベトの間」とよばれている。高貴な女性が貧しい人々のなかに入り、病んだ人を看病した。そんな領主夫人が本当にいたのか、それともまことしやかな作りごとなのか。石室のように暗い、天井の低い、ひややかな部屋であって、ドイツ中世の厳しい生活が想像できる。毎年のようにペストやコレラが襲ってきた。領主といえども、病気や死や神の罰におびえる点で民衆と変わりはない。救いを願って慈善にいそしむ女性がいたかもしれない。そこから美しい聖女伝説が生まれた。

ワルトブルク城の南には広大なテューリンゲンの森がひろがっている。山々がかさなり合い、そのはては茫漠《ぼうばく》として雲に隠れている。伝説が生まれるのにうってつけの風土である。

観光地はどこも同じだが、案内人が小さなグループをひきいて、のべつまくなしにしゃべり立てる。話し方に独特の調子があって耳ざわりだ。わざとおくれて窓ぎわに佇《たたず》んでいると、同好の士がやってきた。白髪の人が、ぬいぐるみの人形をもった女の子をつれている。顔が合ったとたん、ニッコリした。そして両手で耳をふさぐしぐさをした。開いた窓から涼しい風が吹きあげてくる。しばらく並んで足下の雄大な景色をながめていた。

城の向かいの建物は中世の武器博物館になっている。二階の一室が有名な「ルターの部屋」だ。宗教改革者マルティン・ルターはここにこもって聖書をドイツ語に訳した。それまで方言の強かったドイツ語が普遍性をもち、立派な世界言語の一つとなったのは、ルターの聖書訳によってである。

晩年のルターは気味悪いほど肥ってしまったが、若いころは痩《や》せて、精悍《せいかん》な顔をしていた。肖像画のとなりに青い陶製の暖炉《だんろ》がある。かたわらの壁が有名だ。ルターが聖書の翻訳に没頭していたとき、悪魔があらわれて惑わそうとした。インキ壺《つぼ》を投げつけると退散した。そのときのシミである。観光客はどこもそうだが、記念に削りとっていく不届き者がいて、そのため黒くへこんでいる。

マールブルク

ドイツ人は「シュタムムター」といった言い方をする。家系が広がっていくにあたっての最初の母親といった意味である。人類の歴史のはじまりにイヴがいたように、一族のはじまりにも一人の女性がいなくてはならない。ヘッセン領主の場合はエリーザベトといった。晩年はマールブルクに住み、数々の徳をつんだので、死後、聖女に列せられた。

そのせいだろう、マールブルク旧市の入口には、町を守るようにしてエリーザベト教会が建てられた。つづいて、かなりの坂道だ。市街は山の斜面にひろがった。山の肩にあたるところに市庁舎があり、前の広場で市《いち》がたつ。大道芸人が一輪車の曲乗りをしていた。音楽学生らしいのがヴァイオリンを奏《ひ》いている。犬をつれたおばあさんが立ちどまって聴いている。

城はさらに上にあって、文字どおり町を見下ろしているが、城というよりも大きな館といった感じで、威圧感を与えない。尖《とが》った屋根が大空にのびている。すぐ目の下は民家で、屋根裏部屋に洗濯物が干してあったりする。

こういった規模の町が、もっともドイツらしい。十三世紀につくられた砦《とりで》がはじまりだというが、人々は急な斜面を工夫して町づくりをしてきた。いろんな形の屋根と煙突と壁と窓とが美しい調和と秩序をつくっている。要所ごとに小広場があって、重厚なベンチがそなえてある。一歩裏手に入ると、枯れ葉の音が聞こえるほど静まり返っている。

一五二九年十月、このマールブルク城で一つの会議が開かれた。おりしも宗教改革の火が燃えひろがっていたときで、ルターやメランヒトンやツヴィングリといった宗教改革者、また主だった神学者たちがヘッセン領主フィリップの招きでやってきた。教義に関して改革派のグループごとに違いがあり、それを論じ合って解決するためだった。

十四の点では一致をみたが、最後の十五番目の問題で意見が分かれた。「聖餐《せいさん》におけるパンとブドウ酒の中にキリストの体と血は存在する」のかどうか。ルターは肯定、ツヴィングリは否定した。口角《こうかく》泡をとばす論争がつづけられた。

ヘッセン侯は、いつはてるともしれない論争に立ち会っていて、多少とも退屈したのではなかろうか。論じられていたことは宗教者には重要な問題かもしれないが、たしかに少なからず浮世ばなれしている。会議には城の執務室が使われた。うしろにラセン階段があって、女官部屋に通じていた。フィリップは好色家として知られており、ときおりラセン階段から姿を消して、優雅な休憩をとったらしい。

領主には二人の妻がいた。それもまたひろく知られていた。ルターは重婚者を祝福した。農民戦争のあと、彼は急速に権力者側に移っていく。宗教的信念よりも、実際上の効用を重んじた。肖像画にみるとおり、それまで痩《や》せていたルターが、太鼓腹《たいこばら》の人物に変わっていったころである。

ゴスラー

とっておきの町を一つといわれたら、ゴスラーをあげよう。ドイツの地図では、ちょうど真ん中あたり、鉄道の支線に乗り換えていく。大・中・小都市の区分でいうと「小」にあたる。綴《つづ》りは Goslar で「ゴスラール」と読むはずだが、おしまいがはっきり聞こえないの

ゴスラーのからくり人形

でゴスラーだ。

古い町によくあるように鉄道から少しはなれている。やがて豪壮な城壁が見えてくる。中世風の城門まである。落ち着いた石畳づたいにいくと大きな広場に出る。中央に噴水、古風な市庁舎、赤い大理石でふちどったホテルの屋根に可愛い塔がのぞいている。

背後はハルツ山地で、山の背が迫っている。斜面がひろく野につづき、その向こうに石造りの旧王宮。小都市にしては広場も教会も王宮も雄大で、ゆったりしている。まるきりべつのスケールにつつみとられたぐあいである。

近くに銀の鉱山があって、中世を通じて大いに栄えた。かつてのドイツ王たちは、このゴスラーの王宮で戴冠式《たいかんしき》をした。広場には、きらびやかに着飾った廷臣たちが居並んでいた。山裾《やますそ》の野原で、騎士たちの合戦がくりひろげられた。高々とラッパが鳴りわたり、馬がいないた。甲冑《かっちゅう》がふれ合い、槍《やり》の穂先がキラキラと光っていた。

銀の鉱脈が掘りつくされ、山の権利をよその都市にゆずり渡して、ゴスラーは歴史から退場した。それからのちは忘れられたような、もの静かな町になった。広場に面した黒い建物は、かつての鉱山事務所で、給料日には山の男たちとその家族たちでにぎわったことだろう。いまはひっそりとして、ひとけがない。二階のテラスにからくり人形の仕掛けがある。時間がくると、人形が出てきて、昔の鉱山の仕事ぶりを再現する。のんびりした音楽が澄んだ大空へ流れていった。

古い町並みだが、むろん人々が日々、生活しており、内部はきれいにつくり換えてある。スーパーもあれば安売り店もあり、週末には広場いっぱいに市《いち》がたつ。古いものと新しいものとの組み合わせが、なんとも絶妙だ。古い建物を維持しながら新しくつくるというのは、手間も費用もずっとかかると思うが、人々は永い時間をかけて、古くて新しい町をつくってきた。

中世の病院だったところが、若い人々のための工房になっていた。ガラス細工、織物、木工工芸……。中世の職人街のように、昼間は黙々と仕事にいそしんでいる。夕方、下の広間で小さなコンサートが開かれていた。アーチ式の天井をもった石の建物は、教会と同じく音の響きぐあいがいい。

よく見ると、お隣の家の両開きの窓に美しい装飾がほどこされていた。奥で音楽に合わせ、膝《ひざ》に猫を抱いた老婦人が首をそっとゆらしていた。

散歩道　ライン下り

フランクフルトから西へ約三十キロ、マイン川の河港が「ライン下り」のはじまりである。マイン川とライン川が合流して川幅がひろがり、水量もグンとふえる。ケルンまで十時間の船旅だ。途中のコブレンツまで水中翼船ですっとばす方法もあって、これだと二時間ですむが、ライン川は水の流れといっしょにのんびりと下るのがいい。

マインツにはロマネスクの大聖堂がそびえている。古くから大司教座が置かれていた。ローマ法王庁が抜け目なく川の合流点をおさえていたからだ。川の水利権が確保できる。

さしあたりは西に進む。ドイツの川は同時に一級国道といった役割をもっており、二千トン級の貨物船が山のような荷を積んで、悠々とのぼっていく。川というよりも大きな水の帯ってものだ。実際、古代ローマの昔から「水の道」として使われてきた。マインツも、対岸の古都ヴィースバーデンも、もともと古代ローマ人が軍団の舎営地として開いた町であって、いまでも土を掘ると遺構が出てくる。

やがてビンゲンの町で南からの支流が合わさり、ライン川は北西に転じる。このあたりからがライン下りの本命というもので、対岸がリューデスハイム。しばらくは一面のブドウ畑で、世にいう「ラインガウ」、ブドウ酒の大生産地である。ローマ人は酒づくりも上手だったらしく、リューデスハイムの古城にあるワイン博物館には古代ローマ式の醸造法が展示されている。

ワインもいいが、観光船の甲板《かんぱん》にはビールが似合うのだ。しかし、おちおち飲んでいられない。右岸をながめたり、左岸を見上げたり、つぎつぎと城があらわれる。案内図と首っぴきで同定しても、そのうちわからなくなる。ゲロルシュタイン、エーレンフェルス、ダルベルク、ラインシュタイン、ライヒェンシュタイン、グーテンフェルス……。地名のおしりについている「シュタイン」や「フェルス」は「石・岩」といった意味。おおかたが岩の上につくられた。城自体が石や煉瓦《れんが》づくりであって、廃墟《はいきょ》になると、石や土にもどる。壁や塔の残骸《ざんがい》ともなると、自然石と区別がつかない。

そそり立つ大岩を城に見たてたものもあって、なかんずくの大物は「ライングラーフェンシュタイン」とよばれてきた。人間の想像力は古今東西、同じようなことを考えるらしく、これは「ライン伯の岩」、つまり「殿様岩」だ。二つ並び立つと「兄弟岩」、おどろおどろしくとがっているのは「悪魔の爪」。たぶん、昔の舟人のなかの話好きが、退屈まぎれにひねり出したのだろうが、それぞれにちょっとした伝説がくっついている。

それが楽しいのだ。「ローレライ」をはじめとしてライン川から伝説を取ってしまうと値打ちが半減するだろう。

とりわけ有名な一つが「ネズミ塔（モイゼントゥルム）」である。かつて当地を治めていた領主が残忍非道のかぎりをつくし、とどのつまりは塔のネズミに食い殺された。

中世から近世にかけて、人々はネズミに苦しんだ。せっかくの収穫物を食い荒らすし、さらに所かまわずペスト菌やコレラ菌をふりまくのだ。「ハーメルンの笛吹き男」の伝説からもわかるように、ネズミ退治を商売にする人がいて、町や村をまわっていた。ネズミ塔の話も、きっと陰気な塔のたたずまいが厄介な生きものと結びついたのだろう。

それにしてもライン川沿いには、どうしてこんなに古城が多いのか？　簡単にいえば、税金のせいである。関税を召し上げた。ネズミ塔も、つまりは通行税徴収所だった。かつて川を往き来した商人たちにとってネズミ塔はネズミ以上に憎らしいやつだった。

城の多さは、利権にむらがった領主たちの多さを示している。ドイツはながらく小さな国にわかれていた。そこへローマ法王や大司教たちが割って入った。ライン川沿いに城を構えていると、いながらにして分け前にありつける。記録によると、ひところライン川には計四十四ヵ所の税関があった。そのつど通行税を払わないと通行できない。

さらに「盗賊騎士」とよばれる連中がいた。中世の時代はれっきとした騎士であり貴族だったが、近世に入って世の中が変わり、もはや鎧《よろい》かぶとに刀剣ではやっていけない。主君を失って、食い扶持《ぶち》にありつけないのもいた。わが国でいえば浪人や野武士にあたる。そんな手合いが砦《とりで》に巣くっていて麓《ふもと》の村を襲ったり、船を差しとめて商品をかっさらったりした。城の領主にしても盗賊騎士と、さしてちがいはなかっただろう。勝手に税関をつくり、税率を決めていた。大手を振ってまかり出る盗賊というものだ。

シュターレックの城を過ぎると、中洲《なかす》に優雅な古城が見えてくる。五角形の塔を六角の城壁が取り巻いて、白い塔とトンガリ屋根が可愛い。観光客がいっせいに歓声をあげ、日を輝かせてカメラをかまえるところだが、昔の旅人は深いため息をつき、恨みの目で見つめながら財布を取り出した。

南のバイエルン王国は大国であって、力にものをいわせ、一族の者を当地プファルツの宮廷伯（グラーフ）に据《す》えていた。そしてわざわざ中洲に城を建てた。「川の安全と船舶の保護」のためというのだが、むろん、自分たちの利権のためである。通行税を取り立てるためだった。権力を笠にきたあまりの強引さに、反対運動が起きて回状がまわされた。そのなかでは中洲の建物が「きわめてよく防備された要塞《ようさい》」とされている。昔の人には、お伽噺《とぎばなし》に出てくるような可愛い城ではなく、やたらに用心深い川中島の砦に見えたのだろう。名前がプファルツグラーフェンシュタイン、「プファルツ宮廷伯の岩」といった意味である。

シェーンブルク城のしも手で急に川幅が狭くなり、崖《がけ》が迫ってくる。最大の難所として知られたところで、そこから「ローレライ」の伝説が生まれた。ハインリヒ・ハイネの詩におなじみだろう。岩の上に水の精ローレライがすわっていて、髪を梳《す》いていた。舟人が見とれていて、舟を岩にぶつけ、激流に呑まれたという。

夕陽が射し落ちるあたりに、いわくありげな形の岩がそびえている。単調な船旅と、キラキラ光る三角波と、燃え立つような夕映えが生み出した幻想だろう。峡谷のように狭まったところを川風が音をたてて吹き抜けるとき、水の精のうたう唄のように聞こえても不思議はない。

ハイネは詩人のかたわら、ドイツ各地の伝えばなしや民俗を丹念に集めた人だった。『精霊物語』という、とてもすてきな本がある。古いドイツの山や峡谷に棲んでいた木の精や水の精や巨人たちを探してまわった記録で、この世の気の好い仲間たちだった。山の精が宝のありかを教えてくれたし、水の精が危険を警告してくれた。やがて意地悪な人間に追われて姿を消した。

ローレライは古文書には「ルルライ」とあるから、そんなふうによばれていたのだろう。ル・ル・ラ・イのほうが、吹き上げてくる風の音をそのままあらわしているような気がする。水の精が若い女、それも全裸の姿であらわれるところが、いかにも男のいだく妄想らしい。海の男たちにつたわる水の精セイレーンも、きまって美しい女の姿であらわれ、唄をうたって船乗りたちを迷わせた。男の思うところは、どこでもよく似ているものだ。

ローレライの岩を抜けると、その先はもっぱら、右岸の丘に城があらわれる。ボッパルトの町に近いマルクス城は、中世そのままの姿をのこしている。

やがて北からラーン川がそそぎこむ。ラーン川沿いにもバルドゥイン城、リンブルク城など、石垣の上に何層にもなってそびえている。代表的なドイツ民謡に「ラーン河畔の宿屋」というのがあって、いろんな歌詞がある。

　ラーン川のほとりに宿屋があった
　旅人たちの休みどころ
　女あるじが迎えてくれる……

ラーン川とライン川の合流点にも税関があって、通行税を徴収した。川のほとりの古い建物を買いとって居酒屋兼旅館をはじめた男がいた。夫の死後、カタリーナというおかみさんがあとを継いだ。ゲーテも泊まったことがある。恋愛小説『若きウェルテルの悩み』で売り出してすぐのころで、さっそく歌をたのまれたのだろう。二十五歳のゲーテ作として伝わっている。

女あるじに息子がおった
背中がグニャリと曲がっておった
ピンとのばしてやろうじゃないか
すっくとのびたが残念無念
すぐにまたグニャリとなった

とりようによると卑猥にも読める。客気《かっき》あふれた若い詩人が、ひねり出しそうなしろものである。

つづいて南から流れこむのがモーゼル川。ブドウ酒のもう一方の大生産地モーゼルの谷あいを抜けてきた。合流点のモーゼル側にそびえているのがエーレンブライトシュタイン城で、一名がエーレンブルク、「栄誉の砦」というのは、居城というより、いざ合戦のときの砦としてつくられたせいではなかろうか。崖の上にあって、みるからに要塞の形をしている。そのせいで城からのながめは絶妙にいい。大きな川がゆったりと合わさり、さらに太い水脈をつくるのを眼下にながめることができる。

いよいよケルンに近づいた。左岸に見えるゆるやかな山並みが目じるしである。「ジーベンゲビルゲ（七つの丘）」とよばれるもので、丘の一つに古城ドラッヘンフェルス（竜の岩）がある。名前のとおり竜退治の伝説にちなんでいる。いまでこそ「父なるライン」はおだやかだが、かつては暴れ川で、大雨のたびに氾濫《はんらん》して人々を苦しめたのかもしれない。川にはきまって竜退治や大蛇退治の古譚《こたん》があるが、水との戦いのなかで生まれたのではあるまいか。記録にとどめられていない遠い時代の記憶を伝えるものではなかろうか。その七つの丘のなかで「竜の岩」の峰だけが少し高い。ライン川は大きくうねっていて、すぐにまた山に隠れる。季節によって、このあたりは川霧が立つ。濃く立ちこめると、山も川も霧につつまれて、川面《かわも》だけがぼんやりと白く見える。

目を上げると二つの尖塔《せんとう》が天を刺すようにして突き立っている。いわずとしれたケルンの大聖堂だ。川旅の終わり。何であれ終わりは人を無口にするらしく、川船がへんに静まり返っている。水音が高くなって、急にライン川が身近な親しみをもって感じられるのが不思議である。

III　南ドイツ

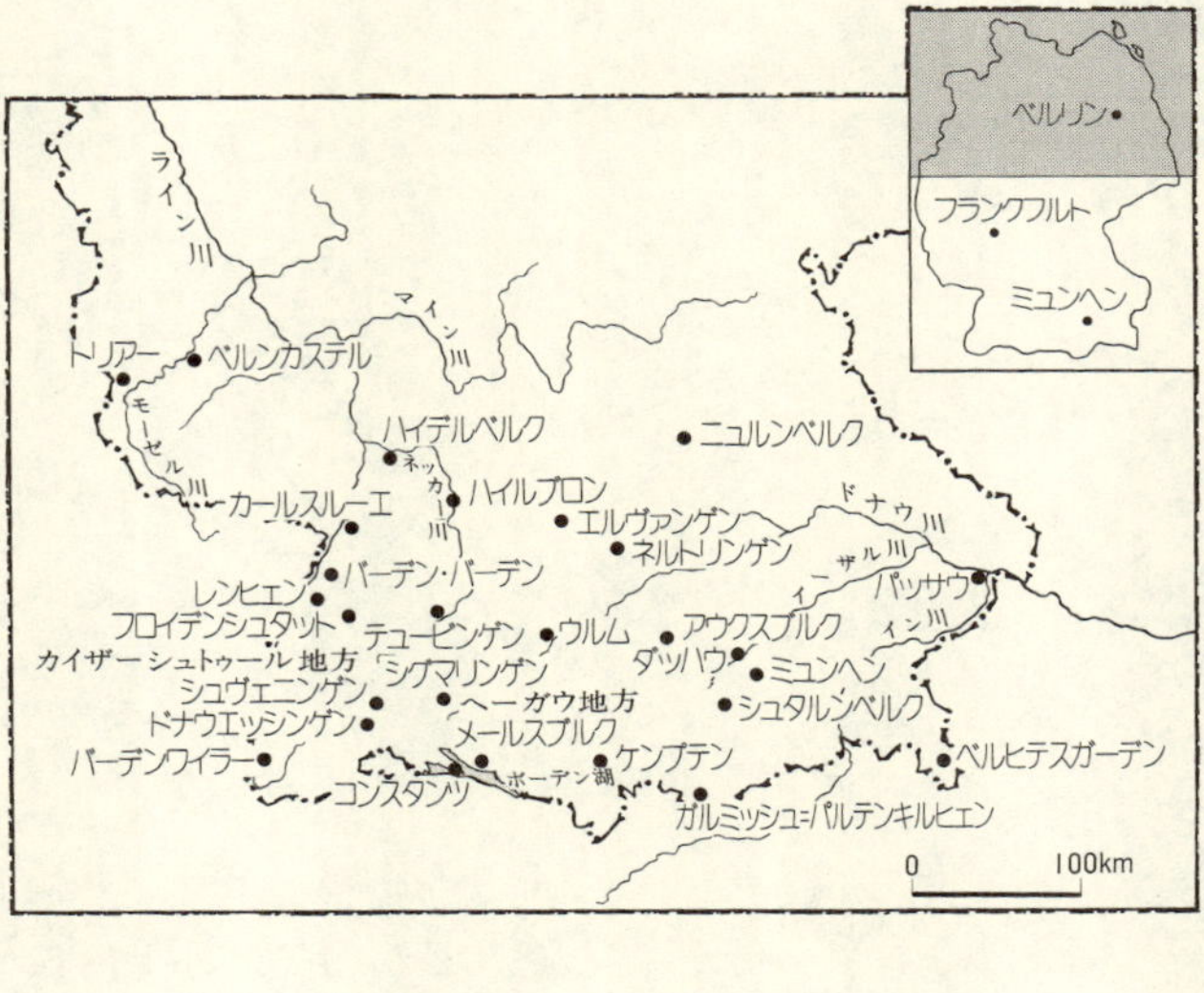
ベルリン
フランクフルト
ミュンヘン
ライン川
マイン川
トリアー
ベルンカステル
モーゼル川
ハイデルベルク
ネッカー川
ハイルブロン
ニュルンベルク
カールスルーエ
エルヴァンゲン
ネルトリンゲン
ドナウ川
イーザル川
パッサウ
バーデン・バーデン
レンヒェン
フロイデンシュタット
テュービンゲン
ウルム
アウクスブルク
イン川
カイザーシュトゥール地方
ジグマリンゲン
ダッハウ
ミュンヘン
シュヴェニンゲン
ヘーガウ地方
シュタルンベルク
ドナウエッシンゲン
メールスブルク
ケンプテン
ベルヒテスガーデン
バーデンワイラー
ボーデン湖
コンスタンツ
ガルミッシュ=パルテンキルヒェン
0
100km

トリアー

フランス国境に近いトリアーは、ドイツでもっとも古い都市である。はじまりは紀元前十五世紀にさかのぼる。だからこの町には「ドイツ最古」がいろいろある。大聖堂がそうだし、中央市場前の薬局「獅子《しし》亭」も、ドイツでいちばん古い薬屋である。

むかしは「一角獣亭」といった。一角獣がどうして獅子に変わったのかわからない。十三世紀の古文書に出てくるというから、七百五十年の由緒を誇る老舗《しにせ》である。薬局はたいてい聖堂に付属していて、教会守《も》りといった人に店を開く権利が与えられた。どこでも、この種の特権というのはあるものだ。

トリアーの大聖堂にある「聖衣」は、文字どおりの宝物《ほうもつ》だ。イエスが十字架にかけられる直前に身につけていたもので、これを着てゴルゴタの丘をのぼっていった。伝わるところによると、四世紀はじめにコンスタンティヌス大帝の母親のヘレナがイェルサレムで見つけたという。文書に記録されるのは十二世紀になってからで、その間のことは謎《なぞ》につつまれている。ながらく聖堂奥にしまわれ、噂《うわさ》だけがひろまっていた。一五一三年、はじめて一般に公開された。

「聖遺物」といわれるものは方々にあって、キリストの聖衣にしても、あちこちに秘蔵されているものを合計すると、二十いくつにものぼるらしい。切れはしだけが聖衣の一部として宝物函《ほうもつばこ》に収められているところもある。とするとトリアーの聖衣も、にわかに怪しくなってくる。

袋状のごく簡素な服で、その点は伝わるところのキリストのいでたちとぴったりだが、ただ長さが一メートル五十もある。イエスはつねづね、長い服をぞろりと着こんで、しかつめらしいことを説く学者たちを嫌っていた。『ルカ伝』によると、弟子たちに「学者らに心せよ、彼らは長き衣を着て歩むことを好み……」と警告していた。その当人が生涯の最後の日に、わざわざ長い服を着ただろうか。

ほかにもトリアー大聖堂には聖ペテロが縛《しば》られた鎖《くさり》の片われとか、聖女アンナの両腕とか、イエスを十字架に釘《くぎ》づけしたときの釘とか、不思議なものがどっさりある。宗教学者は眉《まゆ》をしかめるが、庶民はこういう宝物が大好きだ。大聖堂の記念年に公開されると、どっと見物にやってくる。一八九一年には百九十万人、一九三三年には二百五十万人の人出を数えた。一般公開は一九五九年が最後で、現在は宝物庫に眠っている。

カール・マルクスはこの町に生まれた。キリスト教徒にはベツレヘムが聖地だが、コミュニストにはトリアーがそれにあたる。カール少年は三位一体《さんみいったい》教会わきの王立学校で勉強した。数学とフランス語に手こずった。卒業後、ボン大学に進むためにドイツ最古の町を出ていった。

公園のベンチで老夫婦が一つの新聞をひろげ、顔をつき合わせて読みふけっていた。古い町には老人がよく似合う。

フロイデンシュタット

フロイデンシュタットは南ドイツ、「黒い森（シュヴァルツヴァルト）」山中の小さな町である。フロイデンシュタットとは「よろこびの町」といった意味で、ここに住むのは、ちょっぴり気はずかしい。

中央に大きな広場があり、町はその四方に碁盤《ごばん》目状にひろがっている。どの家並みも前とうしろに通りをもっていて、日当たりがいい。風がよく通る。町全体は七百メートルあまりの高地にあるので大気が澄んでいる。夜は満天の星が見える。

名前から、また町の構造からもわかるように、はっきりとした考えがあってつくられた。

十六世紀ヴュルテンベルク国の大公フリードリヒ一世は頭のひらけた人物だった。職場と家庭、そして信仰のための理想の町を考えた。西のクリストフ谷に鉱山がある。ここで働く人には無償で土地と木材を提供する。ただし、新教徒にかぎられる。

スイスから建築家が招かれて設計図を引いた。三度目でやっと大公がうなずいた。一五九九年、町づくりがはじまった。今もそうだが、広場の一方に市庁舎、これと対角線上に教会がある。プロテスタントという理由で迫害されていた人々、とりわけオーストリアのシュタイアーマルクから多くの鉱夫が移ってきた。十年ですでに人口二千を数えた。まさしくここは「よろこびの町」であって、カトリックの強い南ドイツに孤島のようにしてプロテスタントの町が生まれた。

一六一八年、三十年戦争がはじまった。神の名において新教徒と旧教徒が殺し合いをする。当然のことながら「よろこびの町」は狙《ねら》われた。一六五二年の人口七十二人とある。宗教戦争のむごたらしさ、徹底した破壊ぶりがうかがわれる。

現在のフロイデンシュタットは美しい保養地だ。いつもオゾンいっぱいの空気につつまれている。日照時間が長い。町の条例で二階建て以上はダメ。条例を破る不届き者はいないので、赤い屋根のすっきりした家並みが整然とつづいている。

広場にそった商店街はすべてアーケードがあって、雨の日にもウィンドウ・ショッピングがたのしめる。元の設計図では、広場の半分を占めて大公の館がつくられるはずだったが、なぜかとりやめになった。おかげで広い芝生と、市民ホールと、広大な駐車場のための空間がのこった。この点でも大公は先見性をもっていたことになる。

ここにくるのは、つましい市民たちだ。地道に働いてきて、少し余裕ができた。そんな老夫婦が十日、二週間と過ごしにくる。ショーウィンドウを見て歩いても、めったに買い物はしない。早朝、身ごしらえをして郊外へハイキングに行く。みなさん血色がよくて、目がやさしい。「よろこびの町」に嘘《うそ》いつわりはないのである。

シュヴェニンゲン

映画「第三の男」のなかで、オーソン・ウェルズの扮《ふん》する小悪党が洒落《しやれ》たセリフを口にした。毒殺の横行したルネサンス・イタリアは、ミケランジェロやレオナルド・ダ・ヴィンチといった天才を世に送ったが、平和なスイスは何を生み出したか？

「せいぜい鳩時計じゃないか」

さも軽蔑《けいべつ》するように口をすぼめ、ポッポポッと鳩の鳴き声をしてみせた。そんな理屈で自分の犯罪を正当化しようとした。

一つの点でまちがっている。鳩時計はスイス産ではない。南ドイツの町シュヴェニンゲンでポッポッと産声《うぶごえ》をあげた。二百年あまり前、二人の時計師が住みついたのがはじまりだった。まわりは世にいう「黒い森」であって、樅《もみ》の木がふんだんにある。木造りの時計は珍しかった。スイスのように時計師組合の統制を受けなくてもいい。森に囲まれた小さな村が、やがてドイツきっての時計の町になった。

シュヴェニンゲンの町には、いまも白い塔をもつ古ぼけた教会があって、まわりの道が入りくんでいる。小さな村だったころの名ごりである。家ごとに中庭と納屋《なや》があって、そこが時計づくりの工房を兼ねていたのがみてとれる。

入りくんだ界隈《かいわい》をとり囲むようにして古風な石造りの建物がある。手工業から初期工場生産に移ったころの工場だ。分業が導入された。本体や鎖《くさり》や文字盤をべつべつにつくる。旧工場のまわりの家々が、おおかたは庭つきなのは、労働者の大半が農家の出であって、庭つきの家を欲しがったせいだろう。

さらに外側に近代的な工場と高層住宅とが並んでいる。そんな町の形態からも、この二百年あまりの発展ぶりがうかがえる。

現在、行政的にはシュヴェニンゲンという町はない。ヴィリンゲン＝シュヴェニンゲンといって、ひどく長たらしい。ドイツの地名でむやみに長くて、まん中につなぎのマークがあるのは合併した町である。わが国のように二つ、また三つを合成して新しい名前にしないで、もとの名をとどめておく。名前が消えると歴史がわからなくなるからだ。

ヴィリンゲンは受難劇の町として知られている。中世からつたわっていて、町の人々がイエスや十二使徒に扮して、キリスト受難のシーンを上演する。ゴルゴタの丘になぞらえた山があり、お練りの列が讃美歌をうたいながら山道をのぼっていく。茨《いばら》の冠をかぶったイエスが、町の靴屋のおやじだったりして、見物人から声がかかると、イエスが立ちどまってニコニコと会釈《えしやく》をする。十二使徒が頭をつき合わせ、打ちあげのパーティーの相談をしていた。受難劇の町と時計の町とが、どうしてくっついたのかは知らないが、時間に追われるのが現代人の受難だとすると、これはまさにお似合いだ。

テュービンゲン

大学町テュービンゲンはネッカー川の谷あいにひろがっている。一方は広大な「黒い森」につづき、もう一方は、のどかなブドウ畑だ。大学創立は一四七七年というから、おそろしく古い。人文主義者メランヒトン、天文学者ケプラー、哲学者ヘーゲル、詩人ヘルダーリン……。ゆかりの名前を数えていくと、星の数ほどある。

大学町だから本屋が多い。街角ごとに大小の書店が軒《のき》をつらねている。ドイツの本屋はちょっと立ち寄って立ち読みのしにくい雰囲気だが、べつにかまわない。ひとこと断れば、店員はこころよく「ビッテ（どうぞ）」というだろう。ながめるだけで出てきても、ニッコリほほえんでくれる。本好きは万国共通、それとなく匂《にお》いでわかるからだ。

大学には「カルツァー」とよばれる特別の部屋があった。監禁室、俗にいう学生牢《ろう》で、禁則を犯すと放りこまれた。ヘーゲルやヘルダーリンも牢ぐらしを体験した。本屋で万引きでもしたのだろうか。古い学則では、夜中に集団で散歩したり、奇抜ないで立ちをすると罰をくらった。賭《か》けごとがバレると三日間は出られない。

かつてのなじみ客の学生が名をあげたので書店名がのこっているが、聖堂向かいのヘッケンハウアー書店は、かつての店員のおかげで有名である。ノーベル賞作家ヘルマン・ヘッセは十八歳のとき、ここの見習い店員になり、四年あまり勤めた。優等生のいくマウルブロン神学校に受かったが、やがて落ちこぼれ、中途退学した。書店勤めのあいだ、丸い眼鏡の内気な青年は黙々と注文を聞き、大型本は背中にしょって研究室まで届けにいった。

細い路地の建物に「歯の博物館」の看板が出ていたので立ち寄ってみた。もの好きな歯科医が集めたらしく、昔の歯の医療器具が雑然と並べてあった。治療用というよりも拷問《ごうもん》の道具のようで、以前は革ひもで椅子にしばりつけ、足踏みの穴あけ機で歯を抜いたらしい。ヤットコや、かなてことそっくりで、さながら大工道具である。鳥のくちばしのように長い鉄のペンチがあった。奥歯専門のようで、その形から「ペリカン」とよばれていた。ながめていると、いままで何ともなかった奥歯がシクシクと痛みだした。

そこではじめて、聖女アポロニアが歯痛の守護聖人であるのを知った。絵があったからで、ヤットコでつまんだ歯を聖女が高々とかかげていた。伝説によると、アポロニアは紀元三世紀にアレクサンドリアで歯を全部引き抜かれる苦しみを受けてのち、殉教した。歯痛のとき、この名を三度唱えて頰《ほお》をなでると痛みが消える。

それからしばらく、町を歩いていて似たような小道具の看板を目にするたびに、奥歯がうずくような気がしたものだ。

ハイデルベルク

山腹の「哲学者の道」をのぼっていくと、ハイデルベルクの町がよく見える。ネッカー川にかかる古い石の橋、ぎっしり並んだ赤い屋根、古城の跡。山にいだかれ、川沿いの一方が袋のようにふくらんでいる。

こういう地形は住みやすいのだ。古代ローマ人、アレマン人、フランク人がつぎつぎとやってきた。一九〇七年に郊外で発掘された人骨は、「ホモ・ハイデルベルゲンシス」と命名された。ネアンデルタール人よりも、さらに旧の時代の人類とされている。

石橋を渡ったところのブロックに小さな屋根がひしめいている。いわゆる「アルト（古）・ハイデルベルク」で、一三八六年に大学が創設されたころの町並みだ。以来、ハイデルベルクは大学町として知られており、ここで学んだり教えたりした人々を数えていけば、ドイツの歴史がつづれるだろう。ゲーテは自分がその一人でなかったのが残念だったようで、かわりに旅行者として何度もやってきた。そのため町のあちこちに記念の銘板があるが、橋に近い「金の川鱒《かわます》亭」のものはかわっている。

「一七九七年八月二十五日、ゲーテは当館に宿泊のところ、残念ながら満員につき実現せず」

古くからの学生酒場であって、一七一七年の開業。しかし、これでも新参者で、もっとも古い店は十六世紀にさかのぼる。

そんな一つがマイヤー＝フェルスターの戯曲『アルト・ハイデルベルク』の舞台になった

ところだ。小国の皇太子カール・ハインリヒと居酒屋の給仕《きゅうじ》ケティーの恋。由緒ある学生団、友情と別れ。青春のひと時は矢のように過ぎていく。

型どおりのおセンチなお芝居だが、古い大学町には、それなりに似合っている。だれが何といおうと青春はうるわしいものだし、それは消え去って二度ともどらない。

大学は自治権をもち、一七一二年から二百年あまり、学生の軽犯罪は法律ではなく大学当局が裁いた。そのためにここにも、大学にはおなじみの学生牢《ろう》が用意されていた。最高刑が二週間。入牢中も講義には出てよろしい。食事は、なじみの居酒屋からとりよせた。入牢を申しわたされると、仲間で前夜に盛大なお見送りをしたので、たいてい第一日目は二日酔いに苦しんだ。

ハイデルベルクの学生牢は六部屋あった。なにしろたっぷり暇《ひま》があるので、壁いちめんに絵や名文句が書きしるしてある。部屋はそれぞれグランド・ホテル、サンスーシー宮、パレ・ロワイヤルなどと名づけられていた。トイレは「王座の間」。かつては何ごとも、のんびりしていて優雅だった。落書きの一つによると、「いつも暇のある人は、何もしない」そうだ。なるほど、思いあたるところがある。

散歩道　組曲「カルミナ・ブラーナ」

絵のついた写本としてベネディクト派の修道院で見つかった。そのためラテン語で「カルミナ・ブラーナ」とよばれている。「ベネディクト僧の歌」といった意味。現在はミュンヘンのバイエルン国立図書館にあって、もっとも貴重な写本の一つである。

中世のドイツには遍歴詩人とよばれる人々がいた。旅をしながら詩や歌をつくり、貴人や武人に捧げて、何がしかのお礼をいただく。愛の歌、酒歌、遊びの歌、旅の歌。わが国の和歌にあたる。いろんな言葉上の約束があって、韻《いん》を踏んでおり、読むよりも朗詠する。あるいは歌った。

そのころの公用語はラテン語だったので、多くがラテン語でつくられている。ドイツ語のものもある。あるいは、もともとはラテン語だったのをドイツ語に訳したものなど、計二百にちかい詩歌が、きれいな飾り文字で写しとってあった。

十三世紀の初めごろ、南ドイツの修道院の高位にある人が、誰かに集めさせたと思われる。集め方に特色があるから、特定の人物が考えあってまとめたにちがいないが、それが誰かはわからない。美しいミニアチュアの絵が八枚ついているが、画家の名はつたわっていない。どのような必要があって集めさせたのか、誰が命じたのかもわからない。みごとな写本だが、表紙にあたるところが欠けている。誰かが破りとったらしい。なぜそんなことをしたのか。ただ謎《なぞ》めいた写本だけがのこされていた。

研究者が詩人や歌人たちを、かなりの数までつきとめた。ミンネゼンガー（愛の歌人）とよばれた人々で、ほかの写本にも出てくる。それはいいのだが、「カルミナ・ブラーナ」にしか見つからない歌もかなりあって、女性をうたったもの、踊りの歌、パロディなど、おおかたがドイツ語で書かれていた。編集者が聞きとりをしたのか、それとも、すでに失われてしまった別の写本からとったのか不明である。

いくつかには行のあいだに、へんてこな鉤形《かぎがた》のマークがついていた。のちにそれが線なしの楽譜であることが判明した。「鉤形ネウマ」といって、中世の人はそこからメロディーにしたのだろう。だから歌われていたのはたしかだが、研究者は楽譜の解読に、いまだに成功していない。

イタリアの学者兼作家ウンベルト・エーコはドナウ河畔の修道院にのこされていた謎の古文書から、『薔薇《ばら》の名前』というみごとな推理小説をつくりあげた。「カルミナ・ブラーナ」も絶好の素材というものだ。作曲家カール・オルフが鉤形ネウマの謎に挑戦して、組曲「カルミナ・ブラーナ」をつくった。そこではコーラスとオーケストラで、中世ドイツの恋や酒の賑《にぎ》わいが高らかに歌われている。

ミュンヘン

町の中心マリーエン広場。黒山の人だかりだ。みな上を向いて、ポカンと口をあけている。豪壮な石造りの市庁舎の塔、その正面にからくり人形の仕掛けがあって、定時になると動きだす。ドイツに数ある仕掛け時計のなかでも、もっとも大きい。二段にわかれていて、上段では騎士が馬に乗って登場する。着かざった侍女たちがお伴《とも》をしている。バイエルン地方につたわる名将クリストフ王子にちなむものだという。

下の段では職人たちが踊っている。目をこらさないとわからないが、いでたちからして桶《おけ》づくりの職人のようだ。中世のころ、ミュンヘン一帯でコレラが大流行した。疫病を退散させたときにはじまるよろこびの踊りである。トンガリ帽子の道化がまじっていて、とんだりはねたりしながら奥へと消えていく。

ドイツ人は時計好きだ。教会や公共の建物には、きっと大時計がついている。念入りにも十五分ごとにチーンと音をたてて知らせるのもある。チンチンと鳴れば三十分、三つだと四十五分。居ながらにして時間がわかる。

「いま何時？」

「二時半」

二は「ツヴァイ」、三十分は「ハルプ」、順を逆にするならわしだからハルプ・ツヴァイ。いや、これはまちがいだ。三にあたる「ドライ」をあててハルプ・ドライといわなくてはならない。十五分や四十五分も同じで、当の時刻よりも一つ多い数字を用いる。三時半だと、四時に向かって三十分すすんだ、といった言い方になる。すでに消え失せた時間ではなく、前で待機している時刻をあてるのがドイツ流だ。

夏時間になると一時間くり上げられるから、なおのこと厄介である。一時半のはずが二時半で、それを三時半といったような数え方でいう。どこかで誰かに、二時間を盗まれたような気がしないでもない。

ミュンヘンのマリーエン広場に大がかりなからくり時計を

ミュンヘンのビアホール入口

こしらえたのは、かつてのバイエルン王国の財力だった。町中にそそり立つ塔ごとに時計がついているとすると、時刻がくればいっせいに時鐘《じしょう》が鳴りはじめる。電気仕掛けの現在はいいとして、昔はすすんだり遅れたりする時計があったはずだ。聖母教会では十二時なのに、イーザル門ではまだ昼前で、裁判所では正午すぎといったことになりかねない。どうやって時刻を合わせていたのだろう？

宮廷時計師がその任務をおびていた。町中の時計の管理をする。そのかわり王宮の時計塔に住む権利があった。あるとき酒好きの時計職人が酔っぱらったあげく、お役目をうっちゃらかしたので、町の時計が勝手な時を刻みはじめた。職人は百たたきの刑を受け、そのあとイーザル川に放りこまれた。

シュタルンベルク

ドイツ観光のポスターには、きまってお伽噺《とぎばなし》に出てくるような白い城が使われる。バイエルン国王ルートヴィヒ二世が建てたノイシュヴァンシュタイン城である。この王は、ほかにも同じような城をあちこちに建てた。ワーグナーの熱烈なパトロンで、楽劇をひとりでたのしむために自分専用の劇場を造ったりした。

後世からみると、なかなか興味深い人物だが、同時代人は困惑した。湯水のように金を使って国庫を傾ける。時は十九世紀の後半、ヨーロッパの列強は植民地ぶん取りでしのぎを削っている。ヴィルヘルム国王をいただく北のプロシアは、ビスマルクの老練な手腕のもとに、着々と大国にのしあがっていた。いっぽう由緒ある南のバイエルンは、国王の気まぐれと浪費で財政が破産しかかっている。帝国主義の時代に、中世を夢みるロマン主義者は困りものだ。

一八八六年六月十日、ルートヴィヒ国王は精神の病《やまい》の理由で禁治産宣告を受け、かわって叔父が王権についた。ルートヴィヒはすぐにノイシュヴァンシュタイン城に幽閉されるはずだったが、興奮していて手がつけられない。やむなく近くのシュタルンベルク湖畔ベルク城へ移した。

「新聞の号外売る婦人あり。買いて見れば、国王ベルヒの城に遷《うつ》りて、容体穏なれば、侍医グッデンも護衛を弛《ゆる》めさせきとなり」

森鷗外の『うたかたの記』には、この事件が使われている。当時、鷗外はドイツ留学中であって、したしく号外を見たはずだ。シュタルンベルク湖はミュンヘンの南にある細長い湖で、ベルク城はその東岸にある。

六月十三日の夕方、はげしい雨が降っていたが、国王は突然、散歩したいといいだした。侍医グッデンがお伴《とも》をして城を出た。八時になってももどってこないので地区警察が動きだした。十時、岸辺に王のマントが見つかった。近くに雨傘もあった。十一時、ボートで探していた城番が波間に二つの死体を見つけた。

グッデンの顔には、ひっかき傷があった。右目のまわりに殴られたような青いアザ。首筋のまわりにも締めたあとがあった。王の懐中時計は六時四十五分でとまっていた。

「ミュンヘン府の騒動はおおかたならず。街の角々には黒縁取りたる張紙に、此計音《このふいん》を書きたるありて……新聞号外には、王の屍《かばね》見出だしつるおりの模様に、さまざまの臆説附けて売るを、人々争いて買う」

若い鷗外もきっと買ったのだろう。

ルートヴィヒ二世は自殺したのか。それともお伴の侍医を亡きものにして逃げようとしたのだろうか。王に近い者が、はげしい雨の中にボートを待機させていたともいう。のちに出てきた文書をもとに、第三者が王にクロロフォルムをかがせ、唯一の証人グッデンを殺したのち、二人を湖に投げこんだなどと、見てきたように主張する人もいる。

歴史は公平である。プロシアのヴィルヘルムやビスマルクは、味けない教科書に出てくるだけだが、悲劇的な死をとげた国王は夢にいろどられ、城とともにいまも美しく生きている。

ダッハウ

ミュンヘンからアウクスブルクに向かう途中にダッハウという小さな町がある。ドイツの観光案内書には「立ち寄る価値あり」の一つ星がついていた。バイエルン国王の城や、古い教会や、十七世紀につくられた市民病院とか、それなりの見ものがあるからだ。北の郊外は一面の湿地帯で、地理学では「ダッハウ・モース」とよばれている。

きっとそんな地形に目をつけたのだろう。一九三三年、ナチス政権成立と同時に、町の北東部を鉄条網で囲ってダッハウ強制収容所がつくられた。その後、ブーヘンヴァルトやアウシュヴィッツでつくられた強制収容所の第一号であって、その「手本」となったものである。はじめは政治犯用の小さなものだったが、やがてユダヤ人絶滅のための巨大な施設に変化していった。

そのことは現代史の本にくわしい。あまり知られていないことをお伝えしておくと、一九四五年、ナチス・ドイツ崩壊の前夜、ダッハウ強制収容所には約四万人のユダヤ人がいた。四月のある日、五分の一にあたる七千人あまりにパン少々とマーガリンが支給され、長い列が収容所の門を出ていった。行き先その他、何も知らされていなかった。

ミュンヘン近郊を通って、南のシュタルンベルク湖畔から東南の方向にむかったところ、ただでさえ衰弱していった人々が、バタバタと倒れていった。「五十メートルに一人」の死者が出た。六日後、行列は半減、この間だけで三千人にあまるユダヤ人が死んだ。

敗戦の直前であって、連合国軍が刻々と国境に迫っていた。ヒトラー政権は強制収容所を秘密のまま葬《ほうむ》り去ろうとしたのだろう。連合国軍による解放の前に、収容者の抹殺をはかった。

長い行列から死者が出たのではなく、それは死者を出すための行列だった。そして一人もいなくなれば、しめたもの。

ミュンヘン近郊の住民は、えんえんとつづくボロくずのような人々の列を見たはずである。倒れたり、すわりこんだりすると、直ちに容赦なく射殺される。そんな銃声を聞いたはずだ。ダッハウ郊外で何が起こっていたのかは知らなくても、その実態をのぞかせるものを、この目で見た。まったくそれは人間というには、あまりにみじめな骨と皮とボロのかたまりだった。そんな何千ものかたまりが、ノロノロと通りを進んでいった。

ダッハウの記憶を風化させないために、死の行進のコースにレリーフをはめていく。その計画を関係町村にはかったところ、三分の二が反対して、作製されたレリーフが宙に浮いている——。

結局どうなったのか。ダッハウの収容所跡にはプロテスタントとカトリックの二つの礼拝堂が建てられており、小さな修道院があって、定時になるとミサの鐘が鳴る。死者を悼《いた》む記念碑のまわりに、きりたての新しい花がそえられていた。

アウクスブルク

アウクスブルク市中にあって、すっきりとしたつくりの二階建て。赤い屋根に点々と、煙突や小窓が見える。壁は黄土色、白い窓に緑がかった両開きの鎧戸《よろいど》。棟つづきの集合住宅で、百あまりの家族が住める。世界でもっとも家賃の安い住宅ではあるまいか。年額は円に換算して約百四十円、しかも自分たち専用の教会つき。

とびきり安いだけでなく、とびきり古い住宅でもある。なにしろ一五一四年にできた。社会福祉施設としてつくられ、低所得者が優先的に入れた。ただし、カトリック教徒であること。

名前を「フッゲライ」というのは、ヤーコプ・フッガーが建てたからだ。十五世紀から十六世紀にかけて、アウクスブルクのフッガー家は世界一の大金持ちだった。織物や香料の取引よりはじめ、ついで銀山・銅山の経営にのり出した。利益を金融業にまわして王侯貴族に貸しつけ、法王庁に献金する。法王も皇帝も財布をにぎられていて、フッガー家に頭があがらない。当時、諸国の王が神聖ローマ皇帝という名誉を欲しがっていて、皇帝の選挙に大金が動いた。となれば最後にはフッガー家の財力が玉座の行方を決定した。

商品の流通を一財閥がにぎっており、その意向しだいで値段が左右される。独占を禁じる法律がもちあがったが、フッガー家が有力者に手をまわして骨抜きにした。今日の言い方で「政商」というのにあたる。

ただ当今の政商とちがって、中世の商人は神を恐れた。富の独占に対して、たえずやましい気持ちがあったのだろう。良心に問うてみると、おだやかでない。贖罪《しょくざい》の心からか、気前よく公共のために金を出した。「黄金のアウクスブルク」といいそやされるほど、美しい町ができた。貧しい人々のための住宅も、その一つだった。「フッゲライ」は四つの門をもち、それ自体で小さな街区になっていて、それで付属の教会がある。建物は古いが、たえず手入れされ、内部は改造されている。窓ごしにパソコンのキーボードが見え、テレビのニュースが聞こえてきた。

アウクスブルクはまた最初のディーゼル・エンジンが生まれたところだ。この町の工業学校で学んだ技師のルドルフ・ディーゼルは、一八九七年、アウクスブルク工場で新しいモーター・エンジンを完成した。それはまたたくまに世界を制覇して、近代産業を大きく変えた。ディーゼル・エンジンは資本主義体制を推進させる強力なモーターでもあった。

劇作家ブレヒトはアウクスブルクに生まれ、二十歳ちかくまでここで過ごした。左翼演劇の旗手にとって自分が場ちがいな町に生まれた気がしてならなかったらしい。自分をたとえてフッガーとディーゼルの町の「黒い羊」だった、などと述べている。

ネルトリンゲン

ネルトリンゲンの町の魅力は、小鳥がよく知っている。上空から眺《なが》めるのが一番だ。ウズラの卵のような形をしていて、まわりを城壁がとり巻いている。十六の塔があって、そのうちの五つは城門をそなえている。中世の姿そのままであって、いまにも鎧《よろい》かぶとの騎士たちが馬をつらねて走りこんでくるかのようだ。

どうして、これほどみごとに残ったのか。ながらく神聖ローマ帝国直属の帝国都市として自立していた。ニュルンベルクとアウクスブルクのあいだにあって、バイエルン王国の外《はず》れにあたる。そんな位置が幸いしたのではなかろうか。大きな勢力が角突《つの》き合わせているなかにあって、巧みにバランスをとり、みずからを守ってきた。

十七世紀の三十年戦争の際には、近くで大きな戦闘があったが、町は門を閉ざして兵を入れなかった。第二次世界大戦の末期に、連合軍の爆撃機はニュルンベルクを壊滅させたが、小さなウズラの卵はやりすごした。

丸い町なので、通りがすぐに行きどまりになり、妙なぐあいにねじれている。歩いていると、すぐに方角がわからなくなる。

「あれれ……」

前へ進んでいるはずなのに、いつのまにか元のところにもどっていた。キョトンとして佇《たたず》んでいると、通りがかりの人が指さしながら教えてくれた。教会の塔を目じるしにすればいい。町の中央に聖ゲオルゲ教会の塔がそびえている。高さ八十九メートルあって、愛称が〝ダニエル〟。目をあげて塔の角度で判断する。

「ダニエルが導いてくれる」

町の人はそんなふうに言うそうだ。

そのうち気がついた。卵のなかにもう一つの卵があって、円形の道路がとり巻いている。より古い城壁と堀があったところで、十四世紀までのネルトリンゲンの町である。聖ゲオルルゲ教会と、市《いち》のたつ広場を囲むようにして、市庁舎や病院、穀物倉庫などが並んでいる。町の発展につれ、外に大きな城壁をつくり、古い城壁を壊して堀を埋めた。

市庁舎はいまなお旧のままだ。病院も倉庫もちゃんと本来のお役をつとめている。広場では土曜日ごとに市がひらかれ、近郊農家が野菜や果物の店を出す。花の店、豆屋、薬草、木工品。

ネルトリンゲンの「市場の像」

生産者と消費者が直接やりとりするシステムは中世とかわらない。荷馬車にトラックがとって代わったのが目新しいだけ。計算機には不慣れらしく、あいかわらず紙切れに数字を書いて計算する。

市庁舎の向かいに「タンツハウス」というのがあった。「踊りの館」といった意味である。公会堂にあたるもので、何かことがあると市民たちがここに集まって話し合った。自立するためには、財力にもまして多くの知恵がいる。無事解決をみたあと、土地の衣服に着かざって踊り明かしたにちがいない。

ハイルブロン

ハイルブロンの町の日曜日は、もの静かである。ネッカー河畔にあって、赤い屋根と、やや黄色がかった壁の並びが美しい。通りは広く、頭上には大きく空がひらいている。九世紀のはじめ、〃ヘリブルンナ〃とよばれる泉が湧《わ》いていて、そこに聖キリアン教会が建てられた。それが町のはじまりだった。

月曜日になると、町のたたずまいがガラリと変わる。広い道路を車が切れ目なく走っていく。人々が忙しげに往きかいして、通りは活気にあふれている。それでも町並みはゆったりしていて、頭上にはひろびろとした空がある。市中の主だった建物には、きっと広場がそなわっている。

四百年あまり前、ハイルブロン市民たちは皇帝から特許をとってネッカー川に防壁を築いた。ここが船の終点で、上流にはさかのぼれない。おのずと物資がハイルブロンに集まってきた。水力を利用して工業をおこした。十九世紀には川沿いに五十五の大水車が勢いよく廻っていた。

のちにそれが災《わざわ》いした。第二次世界大戦中、ハイルブロンは武器類の部品生産地として雨あられの爆撃を受けた。旧市は消え失せ、ただ建物の礎石だけがのこっていた。

その後の経過をまとめておくと、新しい町づくりにあたり、人々はみずからで取り決めをした。地主は全員、十パーセントの土地を提供。これでもっと通りをひろげ、広場をつくった。建物は旧来どおりの三階建てとし、一階に商店が入る。二階以上が、事務所、診察室、あるいは住宅とする。

取り決めただけではない。それを正確に守って、古い建物を元どおりに再建した。だからハイルブロンの旧市は戦後生まれで新しい。一つ一つは寸分たがわず元どおりでも、まわりにはひろやかな空間がある。三角屋根の中世風の建物には最新技術が使われている。のちに二つのデパートができたが、三階どまりの規則をきちんと守っている。だからいまも聖キリアン教会の塔が、町でいちばん高いのだ。

それが実現したのは、ハイルブロンの町がつちかってきた自治の力のせいだ。ドイツ語には「シュルトハイス」という言葉がある。日本語に訳しようがないので、辞書には説明だけがついていると思うが、行政や司法にわたる執政官で、それを町や村が独自に選んだ。地方自治のもっとも明確なかたちである。中央やお上《かみ》のいうままにならず、その顔色をうかがわない。

ハイルブロンは一三六一年に自分たちの最初のシュルトハイスを選び、つづいてすこぶる民主的な町の憲法をつくった。以来、それにもとづき自治権を行使してきた。新しい町づくりにも、その考えがつらぬかれている。広い通りや、頭上の大空は、地方交付金などのおこぼれで実現したわけではないのである。

ニュルンベルク

ニュルンベルクはワーグナーの歌劇『ニュルンベルクのマイスタージンガー（名歌手）』の舞台になった。時は十六世紀とある。歌劇にうたわれているとおり歌合戦があって、ハンス・ザックスが大活躍した。靴屋にして詩人、謝肉祭に欠かせない人だった。ザックス親方のつくった歌や劇はどっさり残っているが、本職の靴のほうは伝わっていない。きっと歌や劇と同じような簡素なつくりの、しっかりした、はきやすい靴だったにちがいない。

ほかにもニュルンベルクはいろんなものをつくった。出版社ホフマンは地図の製作で知られていた。おそらく根気のいる仕事であって、それは正確なだけでなく絵のように美しい。町にはまた腕のいい金銀細工師がいた。甲冑《かっちゅう》をつくらせたら並ぶ者のない名人がいた。楽器職人がそろっていた。ニュルンベルクで印刷された本は一字たりともまちがいがない。

当時の銅版画は、現在の写真のような役目をはたしていたものだが、画家デューラーは当地に銅版画の工房を構えていた。時計職人の組合は品質にうるさい。ドイツ各地の教会時計や市庁舎の大時計は、たいていニュルンベルクの時計師が面倒をみた。発明好きの職人が懐中時計を考案した。初期の懐中時計は卵形をしていて、「ニュルンベルクの動く卵」とよばれていた。

中世から近世にかけて、ニュルンベルクは手工業的ハイテク集団の町だった。親方と徒弟の制度がしっかりしていて、手間ひまを厭《いと》わない。ニュルンベルクで修業したというと、どこであれ通用した。そして勤勉と誠実とを元手にして、とびきり美しい町をつくりあげた。

ニュルンベルクはながらく、「ドイツの宝石箱」とよばれていた。

一九二七年八月、ヒトラーはここで第三回ナチス全国党大会を開いた。どうしてニュルンベルクに白羽の矢を立てたのか。勤勉と誠実さにいろどられた町の性格が、もっともドイツ的と思えたせいだろう。大会のセレモニーには、晴れやかにワーグナーを鳴りひびかせた。以来、一九三八年まで、毎年、ここで党大会が開かれたばかりに、ニュルンベルクは心ならずもナチスと縁の深い町になった。そのため第二次大戦末期に激しい空襲を受け、「ドイツの宝石箱」が無残な瓦礫《がれき》の山になった。

長い時間をかけた復旧が終わって、町はよみがえった。中央広場に立つと、正面がゴシック式の聖母教会だ。泉水は十四世紀のもので、王冠のような華麗な石組みをもっている。古い薬局や、金物屋が軒《のき》を並べ、すぐ裏手がデューラーの工房だ。

広場には毎日のように市《いち》がたつ。焼き栗《くり》やアーモンドケーキの匂《にお》いが鼻をくすぐりにくる。それにニュルンベルク名物の焼きソーセージ。毛糸の帽子をかぶり、鼻の先っぽを凍らせながら、熱いソーセージにかぶりつくのは最高だ。

散歩道　みなし児カスパール・ハウザー

ニュルンベルクの西かたがアンスバッハ。この町の城内公園の片隅に一つの石碑があって、奇妙な言葉が刻まれている。

「ココニテ見知ラヌ者ガ見知ラヌ者ニ殺サレタリ」

一八二八年五月のことだが、ニュルンベルクの街角に十代半ばと思われる少年が途方にくれて立っていた。自分は「カスパール・ハウザー」だというだけで、ほとんど口がきけない。誰ひとり知る人をもたず、また誰も彼を知らなかった。バイエルン国王が一万グルデンの賞金つきで探したが、申し出る者もいない。

少年は日常のことに、おそろしく不慣れだった。遠近の区別がつかない。生物と物体とをとりちがえる。ローソクの火をつかもうとした。観察した学者は、少年がこれまでずっと、小部屋か何かに監禁されたまま成長したのだと考えた。

アンスバッハに住む有名な法律学者フォイエルバッハが引きとって教育をした。言葉やその他、急速に進歩して、これまでのことを少しずつ語りはじめた。そこからフォイエルバッハは一つの仮説を立てた。

カスパール・ハウザーと名のる少年は高貴の生まれだったが、策謀する者の犠牲になって捨てられた。本来、殺されるところを、誰かがひそかに匿《かくま》った。年ごろから判断して、そのころヨーロッパの王家で世継ぎの変化があったのは、バーデン大公国ただ一つ。男子の双児がいたが、あいついで病死と発表され、分家筋から後継者が出た。長命で知られた家系で世継ぎ二人が早死したとは奇怪である——。

フォイエルバッハが文書を提出してしばらくのち、雪の日の夕方、カスパール・ハウザーが血まみれになって帰ってきた。見知らぬ人に城内公園へ呼び出されたという。おまえの素姓《すじよう》を教えてやるといわれ、出かけていくと紫色の財布を見せられた。すべてはこの中に入っているという。受けとろうとしたとき、ナイフで刺された。

人々が駆けつけたところ、雪の中に紫の財布が落ちていた。中に一つのメモが入っており、鏡をあててはじめて読める逆さ文字で記されていた。しかし雪の中には一人の足跡しかのこされていなかった。傷がもとで三日後にカスパール・ハウザーは死んだ。

現在にいたるまで謎《なぞ》である。動物を一つの箱に入れたまま大きくして、その行動の生態を観察する方法を「カスパール・ハウザー法」という。

アンスバッハは古い、落ち着いた町である。ハイリヒ・クロイツ通りに町立の墓地があって、奥まったところの石の並びに「カスパール・ハウザーと名のった者」の墓がある。「時代ノ謎、素姓不明、死モマタ秘密」。そんな意味のことがラテン語で刻まれている。わが国には明治のころ「ドイツ天一坊事件」として紹介された。

エルヴァンゲン

なにげなく降りたところで、すてきな町と出くわした。そんな一つがエルヴァンゲンである。バーデン・ヴュルテンベルク州の東のはしにあって、シュトゥットガルトとニュルンベルクを線でむすぶと、ほぼまん中にあたり、森に囲まれた小さな町だ。

かつてはベネディクト派の修道院だったという大きな教会と広場を中心にして、半円形に町並みができている。修道院はのちに大貴族の庇護《ひご》のもとに建て増しをされ、なおのこと大きくなった。

郊外の丘の上に美しい城がある。もとは大貴族の館だったもので、現在は博物館とユースホステルと森林局の事務所が入っている。高台にあるので、とても見晴らしがいい。北の方に長い並木道が見えた。その上に二つの塔がのぞいていた。巡礼教会であって、聖母めぐりの信者たちがやってくる。二百年前につくられた樅《もみ》の木の並木は二キロに及び、わが国でいうと日光の杉並木といったところだ。エルヴァンゲンの町から往復一時間半、朝の散歩にちょうどいい。

町にもどってくると、古い家並みが印象的だった。おおかたが三角のトンガリ屋根をもった切妻《きりづま》スタイルで、きちんとした計画のもとに町づくりをしたことがうかがえる。司教座参事会に招かれてやってきた芸術家たちが手をかしたのだろうか、白い壁にみごとな絵が描いてあって、そこに日時計がついていたりする。広場ごとに、噴水があり、水があふれていた。かつての巡礼者たちは、町に入るとまずは顔と手足を洗ったのだろう。いまもかわらず聖人を刻んだ水盤がついていた。

昼間の町はひっそりしていた。人がいるとも思えない。夕方になると、仕事を終えた人々が広場にやってくる。ベンチでおしゃべりをしたり、新聞を読んでいる。パイプをくわえて犬と歩いている。だれもがゆったりしていて、顔つきもおだやかだ。派手な装《よそお》いではないが、いでたちがいい。帽子はイギリス製、靴はイタリア産。それも何週間にもわたるヴァカンスで、じっくり品定めをしたあげくの買い物であることがわかる。とにかく優雅で、余裕がある。

あんまり不思議なので果物売りのおばさんにたずねたところ、ことが判明した。エルヴァンゲンは由緒ある司教座のせいで、町の格が高い。この地方の行政府として、森林局のような官庁が集中している。住人の大半はお役人で、年収がある。おばさんは広場の人々を指していった。

「十人のうちの十一人は公務員だね」

それほど多いという意味だろう。そして鼻ひげをひねりあげるしぐさをした。いばっている人を示す手つきは万国共通のようである。

そういえば五時の鐘が鳴ったとたん、町全体がいっせいに仕事をやめたようだった。ドアがピタリと閉ざされる。一分遅れても用がたせない。地上の天国も、これはこれで、なかなか窮屈らしいのだ。

ベルンカステル

モーゼル川の谷あいは一面のブドウ畑だ。ライン川と並んでドイツ・ワインの大産地であって、モーゼル・ワインとして知られている。ルクセンブルクから出てコブレンツでライン川にそそぐまでの間、地図を見るとわかるとおり、モーゼル川はおそろしくくねくねしている。長い蛇《へび》が水面をすすむような蛇行《だこう》をしており、そんなふうにして渓谷をえぐってきた。

川の中ほどにベルンカステルという小さな町がある。ワイン党には町はともかくとして、ブドウ酒のレッテルでおなじみだ。代表的なモーゼル・ワインである。とりわけ「ベルンカステル・ドクター」といった名前を聞くと、舌なめずりをするだろう。日本酒でいう大吟醸といったところだ。

ホテルにたのんでワイン蔵を紹介してもらうといい。たいていワイン造りの家に隣合っている。見かけは小さな建物だが、階段を下りていくと、地下室が途方もなく広い。ほの暗くて、隅は闇《やみ》に沈んでいる。そのなかに古酒、新酒が整然とならんでいる。これはブドウ酒にかぎらず、またドイツにかぎったことでもないが、ヨーロッパでは富の大半は地下にある。

地上ではつつましく、質素な生活ぶりであっても、貧しいなどと早合点してはならない。家々の地下には、先祖代々の貯えが眠っている。

軒《のき》の飾りや、テラスのまわりをよく見ていくと、古風な飾り文字が刻まれている。ドイツ人はそんなふうに「名句」を掲げるのが好きなのだ。ワインの町を一巡すると、ワインに関する名言が手に入る。

「ワインと女と歌を愛さぬ人は生涯の大ばか者」

これは世に知られた一つである。つぎも同じ。

「ワインは人間が飲む
水はガチョウが飲む」

ある家の軒には、戒《いまし》めの言葉が見えた。手痛い経験があったのかもしれない。「毎日、ワインのなかで泳ぎつづけると、とどのつまりは溺死《できし》する」というのだ。

レストランや居酒屋では、店それぞれが工夫をこらしてグラス用のコースターを用意している。飾り絵のまわりに、わざといかめしいゴシック書体かなにかで店のモットーが入っている。格言をそのまま使ったのもあるが、格言をもじったり、駄洒落《だじゃれ》をまじえて、ひとひねりしてあったりする。店の主人の苦心作というものだろう。

ひとり旅だと所在ないので、ワインのお代わりをしながら読みにくい文字を解読する。

「ワインが入ると、恥じらいが出ていく」

いかにも、いかにも。せいぜい気をつけるとしよう。

「多くの勇者は剣で倒れた。さらに多くがワインで倒れた」

店を出がけにコースターの名句を、ひとこといいかえて別れの挨拶《あいさつ》をすると、亭主の赤ら顔がとろけるような笑顔になった。まったくワインは人間の飲み物である。

カールスルーエ

カールスルーエの町を歩いていると、へんなことになる。そんなつもりはないのに、いつのまにか中心の通りに入り、昔の城の前に来てしまう。まるで見えない力が働いているかのようだ。

実際、そのとおりであって、かつての王さまで、辺境伯といわれたカール・ヴィルヘルムの意志が働いている。一七一五年、新しい町づくりのための礎石が置かれた。広大なハルトの森を切りひらいて城をつくり、これを中心にして計三十二本の道が放射状にのびる。そのうち南に向いた九本の大通りが町にあてられ、扇形《おうぎがた》にひろがっていく。のこりの二十三本は森に走る小道で、王の狩猟のときに使われた。

当時、数学がたっとばれ、町や建物をつくるときにも、数式によるような整然とした構造が好まれた。扇形の町は中心軸をはさんで左右対称にわけられ、これをブロックで仕切っていく。身分制社会の秩序は建物の高さにも及んでいて、王宮は三階建て、とすると貴族の建物は二階建て、商人や職人の住居は平屋でなければならない。階層のちがいが通りを歩くだけで見てとれた。

前に訪れた「フィリップスルーエ」と同じで、カールスルーエは「カールの安らぎ」といった意味。カール・ヴィルヘルムが自分の安らぎのためにつくった。放射状にのびる大通りも、そこに館をかまえた大貴族の名をいただくはずだったが、こればかりは王の思いどおりにならなかった。町の人々が反対して、居酒屋や旅館にちなんで名づけた。

王の時代から市民の時代にうつるとともに、町当局は新しい町づくりにとりかかった。フリードリヒ・ヴァインブレナーといった優れた建築家が設計して、王さまの領分につぎつぎと市民のための建物がつくられた。それでも放射状をしていた一点に集中する構造そのものは変わらない。

そんな町のかたちが法律という制度の力を示すのにピッタリなのかもしれない。カールスルーエには州の主だった裁判所があつまっていて、「法律の首都」などの異名がある。

人工都市の嫌いな人は、市中のドゥルラッハ地区をぶらつくといい。古城のあったところで、いまも中世の門や、古い家並みがのこっている。

すぐ背後はハルトの森だ。カールスルーエ一帯は、ライン川がつくった砂利《じゃり》の地層にひろがっており、ながらく水不足に悩まされた。森は貴重な水源であって、だからこそ急速な町の発展にも、人々は森を守ってきた。自然保護というより、へたをすると自分の首をしめることになるからだ。

城は州立美術館になり、そこにはカフェもあって、名前はたしか「青い日傘」といった。旅行者こそ現代の王さまである。コーヒー一杯で悠然と王侯気分が味わえる。

バーデン・バーデン

ドイツ語の「バーデン」は「入浴する」といった意味である。南ドイツの温泉町バーデン・バーデンは、ご丁寧にも「入浴する」が二つもついている。

フランスと国境を接した南ドイツの一帯は、かつてバーデン大公国と呼ばれていた。あちこちで豊富に温泉が出る。そのバーデン大公国の首都なのでバーデン・バーデンとなったら

バーデン・バーデンの飲泉場

しい。現在は名の知れたリゾート地だが、ながらく眠りこけたような田舎町だった。十九世紀になって交通網が整備されるとともに、にわかに町の発展が始まった。地理的にも、ほぼヨーロッパのまん中にあたり、ドイツからもフランスからも近いのだ。ライン川の支流の一つであるオース川が流れていて、町を見はるかす高台にバロック風の城がある。

もっとも、発展の当初は温泉よりもむしろカジノで知られていた。一八三八年のことだが、ジャック・ベナーズ、エドゥアール・ベナーズというフランス人の親子がバーデン大公の特許をいただいてカジノを開き、大々的に宣伝した。この親子がいかなる人物であったのか、よくわからない。時代の動きに敏感な企業家だったのだろう。バーデン大公が、わざわざフランス人に特許を出したのは、「バクチ」の上がりで国庫をうるおすのに、多少の負い目があったせいではあるまいか。一八六七年、アメリカの作家マーク・トウェーンが観光団の一員としてバーデン・バーデンを訪れた。『赤ゲット漫遊記』のなかに書いている。

「バーデン・バーデンはペテン師とイカサマ師と食わせ者の町である。しかし、温泉はいい」

これについてはいろいろな人と話したが、誰もが同じ意見だったという。

はるばるとアメリカ人ツアーがやってきたのは、ベナーズ親子の事業が成功して、このころすでにバーデン・バーデンは、ひろく知られていたのだろう。ほぼ同じころ、ロシア人作家ドストエフスキーが新婚旅行でやってきた。賭博《とばく》好きの彼はあり金すっかりすってしまい、帰国の旅費をひねり出すため、新妻の結婚指環を売り払わなくてはならなかった。その間のことは、小説『賭博者』にくわしく述べてある。

カジノは今も健在だが、保養地でのちょっとした息抜きのためのもの。町は見事に健康都市へと衣がえをした。

ある年のことだが、この町で一週間にわたり、シンポジウムが開かれたことがある。バーデン・バーデン温泉保養管理事務所の主催で、テーマは「保養・健康・自然」。そのときのプログラムが残っているが、オープニング・コンサートにバーデン・バーデン・オーケストラがブラームスの交響曲第二番を演奏した。まさにぴったりの曲である。ブラームスの第二番は別名「リヒテンタール交響曲」といって、バーデン・バーデン近郊の谷間リヒテンタールで想を得て作曲された。州知事や市長の挨拶《あいさつ》のあとのしめくくりは、ごぞんじヨハン・シュトラウスの『温泉ワルツ』。

二日目以後のディスカッションや講演から、少しタイトルをひろっておくと、「これからの保養地、その役割と展望」、「保養医学、その意味」、「バーデン・バーデンのカラカラ浴場とフリードリヒ浴場における自然療法・物理療法」、「ダイエット、食べること、飲むこと、治療と美食のはざまで」。

このようなテーマの立て方からも、ヨーロッパの温泉がいかなるものか、おおよそ見てとれるのではあるまいか。あきらかに、はっきりとした効用をもっている。あくまでも治療と保養、健康づくりの場である。

ところでその温泉であるが、二種類あり、ディスカッションのテーマにもなっているが、一つはカラカラ浴場型、もう一つはフリードリヒ浴場型。

カラカラ浴場は、いわば大衆浴場であって、古代ローマ時代の「千人風呂」にちなんで名づけられた。総ガラス張りの巨大な温水プールというもので、水着をつけて入る。冷水、温水、打たせとあって、好みのままにめぐっていく。温水は屋外にもひろがっていて、これは露天風呂にあたるだろう。目の前は一面の緑の山並み。なるほど、健康的である。遊歩道を湯治客がつれだってゆっくりと歩いていく。

これに対してフリードリヒ浴場は貴族型だろう。建物からして、かつての王宮のようにいかめしい。一八七七年の開業というから、実際、貴族用につくった。正確には、どういうわけか「ローマ・アイルランド式蒸し風呂」などといって、サウナが主体である。コースになっており、マッサージや垢《あか》すりなどを流れ作業でやってもらえる。最後が温泉となるのだが、そのホールがまたものすごい。円蓋《えんがい》つきの屋根、教会の礼拝堂のような休憩所、総大理石のプール、飾りタイルの床面……。

宣伝のポスターには、とびきりのプロポーションの金髪美人が写っているが、現実は、どちらかというと、同じくディスカッションのテーマにあったとおり、「治療と美食のはざまで」往きくれたような人が多いようだ。

クアハウスの北隣が公園になっていて、高台に飲泉場がある。石柱の並ぶ壁面にフレスコで、土地にまつわる伝説が絵になっている。お湯を飲むだけのために、なんとも豪壮な建物をつくったものだ。

道はさらにうねうねと裏手のミヒャエル山をめぐっており、一巡すると喉《のど》がかわいて、定められた量の飲泉ができる。鉱泉水はビールやワインとちがって、決して旨いものではないから、医学がそんなシステムをつくり出したらしい。ドイツ人はこういう決まりに弱いから、長逗留《ながとうりゅう》を覚悟してやってきて、いとも厳粛な顔で定められたお湯を飲んでいる。

レンヒエン

フライブルクからカールスルーエへ向かう道の中間、地図ではシュトラスブールのななめ向かいにレンヒエンという小さな町がある。町の教会の前にオベリスク型の記念碑があって、ハンス・ヤーコプ・クリストフェル・フォン・グリンメルスハウゼンという長い名前が刻まれている。三十年戦争を舞台とした長大な小説の作者である。

三十年戦争の始まりは一六一八年、終わったのは一六四八年。一人の人間がオギャーと生まれてから成人し、中年ちかくになるまで、ずっと戦争がつづいていた。

戦争はつねに愚かしく無意味なものだが、世界史の伝える多くの戦争のなかで三十年戦争は、もっとも愚かしく無意味だった戦争にちがいない。おそらく、あまりに愚かしく無意味だったからこそ、あれほど永々とつづいたのだろう。始める理由がなかったのと同じように終える理由もまたなかったからである。

戦いの始まりはボヘミアの一角だったが、またたくまに全ドイツに拡大した。信仰の名においてプロテスタントとカトリック教徒とが殺し合いをした。宗教の旗をかかげると、人間はもっとも野獣に近づくらしい。三十年たって、ドイツの人口の三分の一が失われ、あとにはただ山のような残虐の物語がのこされた。

ふつう『阿呆物語《あほう》』と訳されるが、四部作になっていて、一六六九年から七二年にかけての謎《なぞ》めいた短い期間にあらわれた。主人公はいずれも幼いときに家族とはなればなれになり、戦禍に追われて放浪する。兵士になったり、召使をしたり、道化になったり、巡礼の旅に出たり……。「地球の中心」までもへめぐったのち、やがて心を改め、敬虔《けいけん》な生活を送ろうとして身を隠すのだが、すぐまた世の中へと押し出される。あるかぎりの辛酸をなめ、悪行や放蕩《ほうとう》をつくす。そんなストーリィだ。

それぞれが主人公の一代記というスタイルをとっていて、だれもが愚行と改悛《かいしゅん》のあいだでゆれている。飢えと救いの谷間をさまようのだが、あきらかに飢えのほうが切実で底なしに深い。

三十年戦争の映し絵というものだろう。だれもが戦争の混乱と悲惨《ひさん》と暴虐のなかを浮草のようにただよった。その生い立ちを語っていく。阿呆の世界のヒーローだが、より正確にいうと、阿呆の世界の阿呆であって、改心してもよくはならず、悪を犯しても悪くはならない。それというのも世界そのものが徹底した阿呆の世界であったからだ。

作者グリンメルスハウゼンは自分が生きた時代を、もののみごとに物語に書きとめたが、しかしレンヒェンの町の記念碑は文学に対して捧げられたのではなく、職務を称えるためのものである。彼は晩年、この町の「シュルトハイス」をしていた。町の人々によって選ばれた行政官であって、それだけ人望があったのだろう。生まれた年は不明だが、死んだ年からして、三十年戦争のただなかに生まれ、その実態をつぶさに見た人だったにちがいない。

ドナウエッシンゲン

ドナウ川は大河である。南ドイツにはじまって、えんえん二千八百五十キロ。十にちかい国を通って、はるかな黒海に流れこむ。では、その源流はどこなのか。どの町が大河の最初の一滴という栄光をになっているのか？

十人が十人、口をそろえてドナウエッシンゲンというだろう。名前からしてドナウのはじまりにふさわしい。世にいう「黒い森」のただ中にあって、標高七百メートルにちかく、いつも澄んだ空気につつまれている。待ちかねたようにして、町当局の観光パンフレットは高らかにうたっている。

「ドナウ源流の町へ、ようこそ！」

町のすぐしも手でブリガッハ川とブレーク川が一つになってドナウ川と名が変わる。ながらくフュルステンベルク公という領主がいて、立派な城を建てた。城内公園に「ドナウの泉」がある。石造りのまん丸い泉水で、かたわらにドナウの女神像が見守っている。さながら丸い水鏡であって、さしのぞく木枝や空の雲が映っている。花模様をかたどった金属の手すりの前で、観光客が記念写真をとっていく。

歌人・斎藤茂吉が「ドナウ源流行」という旅行記をのこしているが、医学留学生としてミュンヘン滞在中に、源流が見たくてやってきた。夜おそくドナウエッシンゲンに着いたとき、よほどうれしかったのだろう、ホテルに荷物を置くと、その足で外に出た。

「村が尽きて月が見えたかとおもうと、また急に流れの面が光り出した。向こうが開けて、平野のようになっている」

草原に腰を下ろして、うっとりと銀色の川面をながめていた。

茂吉さんに申しわけないが、ドナウエッシンゲンはドナウ源流の町ではない。少なくとも、ご当地にやってくると、本家・源流の町がいくつもある。ドナウエッシンゲンは正確にいうと、ブリガッハ河畔の町にすぎない。もう一つのブレーク川の源流ちかくにフルトヴァンゲンという町があって、さしずめこちらは元祖・源流の町である。町当局発行のパンフレットが高らかにうたっている。

「ドナウ源流の町へ、ようこそ！」

元祖にいわせると、こちらは本家よりも五十キロばかり奥にある。最初の一滴にずっと近いのだ。領主が本家近くに城をかまえたばかりに栄光を奪われたが、近代の地理学にてらしてみれば、どちらの言い分が正しいか火を見るよりもあきらかだ——。

さらに厳密にいうと、川そのものはフルトヴァンゲンのさらに奥の山中にいきつくから、元祖のほうも多少はあやしいのだが、そこまでは問わない。

毎年、川祭りの日に、フルトヴァンゲンの人々は瓶にブレーク川の水を詰め、本家の町へやってくる。そして「軽蔑をこめて」、ドナウの泉にその水をそそぐそうだ。

シグマリンゲン

南ドイツのドナウ川の源流に近いあたりは、シュヴァーベン・アルプスとよばれる山々がつらなっている。見晴らしのいいところに昔の豪族が建てた城がある。シグマリンゲン城もその一つで、川を見下ろす高台にゴシック式の塔や教会がそびえている。

すぐ南はスイスで、フランスとの国境も近い。そんな地理上の理由があずかっていたのかもしれない。二十世紀の歴史のなかで、この城は思いがけない役をはたした。シュヴァーベン・アルプス山中の古城が、皮肉な人間ドラマの舞台になった。

第二次大戦が始まったころ、圧倒的にドイツ優位だった。一九四〇年六月、ドイツ軍、パリ入城。フランスでは親独をかかげるペタン将軍が政権についた。南フランスの町ヴィシーへ政府を移したので「ヴィシー政権」とよばれている。反ナチスの人々が亡命したり、レジスタンス運動に入ったりしたなかで、ナチス・ドイツに協力の道を選んだ人々だ。日の出の勢いのヒトラーは「千年帝国」を呼号していた。

三年で情勢が一変した。東部戦線ではソ連軍が大攻勢を開始。連合軍がノルマンディに上陸した。一九四四年、ドイツ軍は退却をはじめ、ヴィシー政権を道づれにした。ペタン将軍、ラヴァル首相以下、政府の主だった面々はフランスを出てドイツに入り、シグマリンゲン城で亡命政権を宣言した。

刻々と情報がとどいていただろう。パリ解放、ド・ゴール臨時政府成立、ヤルタ会談……。その間、ヒトラーに賭《か》けた人々は、どんな思いで過ごしていたのだろうか。ナチス協力作家だったセリーヌも同行して、この城にいた。ペタン将軍は大まじめで、フランスにもどったのちのサルディニア知事を約束したというから、権力にしがみついた者には、さっぱり時代が見えていなかったのかもしれない。戦後の裁判の結果、ペタン将軍は終身刑、首相ラヴァルは銃殺された。

シグマリンゲンは、もの静かな山あいの町である。高地にあるので空気がさわやかで澄みきっている。土曜日には市場に花売りの店が出る。農家の庭先でニワトリが餌《えさ》をついばんでいた。このあたりのドナウ川はまだ渓流といったものだが、水の勢いにどことなく大河のきざしがある。

シグマリンゲン城は十二世紀にまでさかのぼる。何百年にもわたり建て増しされてきた。すぐ北にホーエンツォレルン城があって、領主はかつてはホーエンツォレルン＝シグマリンゲン公と称していた。プロシアの王家のホーエンツォレルン家は、この山あいから出ていって北方ドイツで覇権をとった。とかく権力はいたずらめいた動きをみせて、人の運命を狂わせる。

気が遠くなるほど永たらしい城の歴史からみると、現代史の意味深い局面も、単なる一つのエピソードにすぎないのかもしれない。案内人の娘は中世の大砲や、ナポレオン軍の軍服のことは話したが、ペタン政権については何もいわなかった。去りぎわにたずねると、「ペタン？」と問い返して、それから「ああ、薬局のおじさんね」といった。どうも町には、そんな名前の薬屋のおやじがいるらしい。

ウルム

ウルムの大聖堂は有名だ。八角の塔が百六十メートルあまりあって、ヨーロッパでいちばん高い。だがこれは十九世紀末の建築技術と、大ドイツ帝国の世界一好きが実現したまでであって、つまらない巨大さだ。建物が一定以上の尺度をこえると、人を重苦しく威圧する。せっかくの聖堂が無意味な石の山に思えて、聖なる感じを与えない。

ウルムの誇るべきは、ごく小さな学校である。ギムナージウムは、わが国の中学と高校を合わせたようなもので、これを卒業すると自動的に大学に進める。ウルムのショル・ギムナージウムは、ハンス・ショルとゾフィー・ショルにちなんでいる。兄と妹はこの町に生まれ、ここのギムナージウムを卒業してミュンヘン大学に進んだ。一九四三年、反ヒトラー組織「白バラ」の主要メンバーとして逮捕され、処刑された。ハンスは二十五歳、ゾフィーは二十二歳だった。

ドイツにおけるもっとも早い反ヒトラーの抵抗運動の一つだった。朝ごとに家々の郵便箱にビラが入っていた。ヒトラー体制を考え直そう、ヒトラーという人物をよく見てほしい。

そんな見出しで人々に真相を知る勇気を訴えていた。アジビラだが、これみよがしに叫びたてたわけではない。事実を示して、理性にもどることをよびかけた。暴力がまかりとおっているなかで、見て見ぬふりをするのは、それ自体がべつの暴力を振るっているのにあたらないか？

ミュンヘンはナチズム発祥の地であって、ヒトラーは当地のビアホールでナチ党の旗上げをした。もっとも多くの党員のいたところであって、まさにその中にビラが配られた。秘密警察が必死になって追ったが、「白バラ」は一年あまり活動しつづけた。

圧倒的な国家権力に対して、ショル兄妹は小さな住居と、よく動く手と足と、一台のガリ版刷り機械で対抗した。おおかたの人がやむをえないとして容認し、従ったなかで、小さな良心の痕跡をしるしとめた。

ウルムにはもう一つ、世に二つとないものがある。八キロばかり郊外のエルヴィン・ロンメル記念堂だ。一九四四年、ロンメル将軍は当地で死去。戦傷による名誉の死と発表されたが、実はそうではなかった。ヒトラー暗殺計画に加わり、その露顕後、ヒトラーに自殺を強要され、毒を仰いだ。ヒトラーは事実をくらますため、にぎにぎしい国葬をもって国民的英雄を葬《ほうむ》った。

ロンメル将軍には二つの選択の余地があったはずである。強要された自殺をとるか、裁判に訴えるか。たとえ裁判にもちこんでも、ナチの御用裁判所は死刑を申しわたしただろうが、裁判を通してヒトラー体制に一撃を加えることができる。

将軍は強いられた自殺を選んで、事件を公《おおやけ》にはしなかった。すでに崩壊をはじめていた祖国が、これ以上混乱するのを恐れたのだろうか。身におびた軍人的愛国心が孤独な死を選ばせ、ひいてはヒトラーを助けたといえる。

ウルムには、さらにもう一つの見ものがある。「ドイツ・パン博物館」といって、いかにもドイツ流の徹底さで、パンに関するあらゆる資料が集めてある。

小麦の収穫にはじまり、脱穀して粉にひき、粉をこね焼きあげる。その五千年の歴史は、さまざまな道具や風習、また信仰を生み出した。人はパンのみで生きるものではないかもしれないが、しかし、パンなしには生きられない。

パン一個の値段が表にしてある。とりわけ二十世紀のある年代が興味深い。それをつぎにあげてみよう。単位はドイツ・マルクである。

一九一四年　〇・一五
一九一八年　〇・二五
一九一九年　〇・二六

一九二二年　一〇・五七
一九二三年　二二〇〇〇〇〇〇
一九二四年　〇・一四

第一次大戦の敗戦国となったドイツは、ヴェルサイユ条約により過酷な賠償金を課せられた。経済はマヒ状態で、当然のことながら払えない。国庫が底をついた。一九二三年一月、ルールの重工業地帯がフランス軍によって占領された。このとき一挙にドイツ・マルクが崩壊した。

すさまじいインフレが始まった。パン一個が、二億二千万マルク！　トランク一杯にお札をつめて買い物に出かけても卵一つが手に入らない。朝の値段が夕方には一ケタはねあがっていた。あるレストランの給仕《きゅうじ》はせっせと貯金をして、自分の店をもつのを夢みていた。ところがいまや貯金全部をはたいてもワイン一本も買えないのだ。

一国の紙幣がおもちゃの紙切れになった。悪夢あるいは喜劇をみているとしか思えないのに、それが日々の現実だった。そんな状態が一年ちかく続いた。崩壊した旧マルクに代わる新通貨レンテンマルクが発行されて、ようやくインフレが収まった。十年前にもどったパンの値段が、それを示している。

ヒトラーが頭角をあらわすのは、これ以後である。ナチスが急速に力をのばしていく。大インフレから十年後、ヒトラーは政権をとり、ナチスの独裁が始まった。

ヒトラーは演説のなかで好んで数字を引用した。その際、いつも数字をせりあげていく。たとえばユダヤ人の脅威をあおりたて、その弾圧を呼びかけるときは、こんなぐあいだ。

「一人のユダヤ人、十人のユダヤ人、百人のユダヤ人、千人、一万、十万、百万のユダヤ人を追放せよ」

数字が級数的に高まっていくとき、それがいかに人をおびやかすかをよく知っていた。人々の記憶の底にあった大インフレを巧みに利用したといえるだろう。

パン博物館には、パンに関するあらゆる資料と情報がそろっているが、一つだけ欠けたものがある。そこには実物のパンがない。博物館側の意見によると、パンは毎日の貴重な食べものであって、陳列するものではないからである。

ケンプテン

ケンプテンはバイエルン州の南部にあって、オーストリアとの国境に近い小さな町だ。市庁舎正面の壁に大きな「双頭の鷲《わし》（ドッペルアードラー）」が描かれている。左右の塔にも、まるで二つの守護神のように、二つ頭の鷲が金の王冠をいただいて、いまにも飛び立つように翼をひろげている。

おりおりドイツの町で見かける風景だが、双頭の鷲は神聖ローマ帝国の紋章だった。中世から近世にかけてのドイツ語圏には、神聖ローマ帝国と称する連合体があり、選挙で皇帝を選んでいた。町の紋章に双頭の鷲をかかげているのは、帝国直属の都市のしるし。皇帝派で、信仰はカトリック。

ドイツ人は紋章好きだ。国から州、町や村ごとに、それぞれワッペンがある。協会、結社、家系……。わが国のように代々、家紋を受け継いでいくのとちがって、長男のほかは同じものを使わないのが原則だった。

鷲、ライオン、熊《くま》、ユリの花、十字架といった図柄に、縦じまや横じまを組み合わせ、さらに部分を変化させたり、小道具をとり替える。いつしか紋章学といった学問までできた。紋章院がつくられ、紋章つきの制服を着た紋章官が紋章を管理していた。

ナチスが使ったカギ十字（ハーケンクロイツ）が有名だが、もともと古代インドにはじまった紋様で、カギの右向きは「上昇」や「幸福」、カギの左向きは「消滅」「死」をあらわしていた。わが国の寺院のしるしが左カギ十字であるのをごぞんじだろう。

ゲルマン神話に眠っていた右カギ十字をナチスは党のシンボルにした。やがて国中にハーケンクロイツがはためいた。ヒトラーがあれほど短期間に人々をとらえていったのには、紋章好きの国民性と、シンボルのもつ呪術《じゆじゆつ》的な力があずかっていたのかもしれない。

ケンプテンの町の人と話していて、「戦争前は――」といったことばが出た。高台に修道院があったが焼き払われたという。つじつまが合わないのでよく聞いてみると、第一次世界大戦でも、第二次の大戦でもなく、十七世紀の三十年戦争のことだった。一六一八年にはじまり、主にドイツを舞台にして、ながながと三十年も戦った。信仰の名のもとにカトリックとプロテスタントが殺し合いをして、ドイツは人口の三分の一を失った。

皇帝派の紋章をかかげた町が、どんな状況にあったか、おおよそ想像できる。そのなかでしたたかに生きのびるためには、駆け引きや、先見性や、政治的判断が必要だった。そのときの同盟のあかしのように、市庁舎の壁には、鷲のとなりに小さく八つの紋章が描きこまれている。

ケンプテンの近辺はアルゴイ地方といって、独特の風俗と方言をもっている。酒場には、いかにも頑固そうなじいさんがワッペンつきの服を着て、舐《な》めるようにワインを飲んでいた。かたわらの巨大な酒樽《さかだる》にも造り酒屋の紋章が光っていた。

散歩道 ボイロン修道院

地図でいうと南ドイツ・ボーデン湖西岸の少し上、黒丸に十字のついたマークが見える。「聖なる建物」のしるしで、ボイロン修道院のあるところだ。さらによく見ると、すぐそばに細い川筋が走っている。ドナウ川は、この辺りではまだ帯のような水流である。

かなり特異な地形をしている。白い岩肌をむき出しにした岩山が、ラクダのコブのようにどこまでもつづいていて、そこをクネクネと蛇行《だこう》をくり返しながらドナウ川が流れていく。両岸に平地がのぞいたかとおもうと、つぎにはやにわに左右からせばまって峡谷になる。草地があっても村がないのは、大雨のたびに水に沈んだからだ。水量調節が実現するまで、上部ドナウの谷は人の住まない世界だった。

ボイロン近辺だけが小さな袋状にひらいている。ドイツの奥地はどこもそうだが、まず聖職者がやってきた。神に近づくためには人の世から遠ざからなくてはならない。庵《いおり》をむすび、礼拝堂を建て、祈りと労働にいそしんだ。なにしろ人の世から隔絶されているので、自給自足が原則だ。ボイロン修道院には古くからの形が、いまもよくのこっている。

修道僧のなかに土木技術にくわしい者がいたのだろう。川岸から少しのぼった高台に建物があって、増水にも安全だ。十一世紀にアウグスティヌス派の修道院がつくられたのがはじまりで、やがて巨大な建物になっていった。聖職界にも力の関係と位階とがあって、のちにベネディクト派の所有にうつり、「大修道院」に格上げされた。

修道院は祈りと労働だけではなく、学問と研究の場でもあって、ボイロン修道院は「パリンプセスト」の研究で知られている。羊皮紙の写本のことだが、かつて羊皮紙はずいぶん高価だったので、一度書いた文字を消して、その上に写して再使用した。これがパリンプセストである。消された文字を読みとるのだから、途方もない忍耐と注意力がいる。我慢くらべとなると、誰も修道僧にかなわない。

いまもボイロン修道院には七十人の修道士と、「平修士」とよばれる八十人の一般信徒が住んでいる。前庭は野菜畑、裏手に馬小屋や干し草のサイロがある。まわりに田畑が四十二ヘクタール、草地が六十二ヘクタールあって、修道院の台所をまかなっている。

さらに広大なブドウ畑がある。修道院はブドウ酒の大供給地であって、名酒はたいてい祈りの地で生まれた。

巡礼ツアーがやってくる。付属の教会とレストランが結婚式や家族の祝いに使われる。

日曜日には駐車場が満車で、ブドウ酒でほてった顔が中庭にあふれていた。夕方、鐘楼《しょうろう》の鐘が鳴りわたるころ、いっせいに人々が引きあげて、修道院はまたもとの死のような静けさにたちもどる。

パッサウ

パッサウの町はひところ、観光パンフレットに「バイエルンのヴェネツィア」などと謳《うた》っていた。つまらない名称である。ともにまわりを水に囲まれた「水都」であっても、ヴェネツィアの水はよどんでおり、町は海に沈みかけている。パッサウの水は勢いよく流れ、これと対抗するように市街が空にそそり立っている。

とはいえ、一つの点では共通している。ヴェネツィアはかつて「アドリア海の女王」とうたわれ、独立した都市国家として栄えたが、パッサウもそうである。こちらは宗教国家であって、カトリックの司祭が領主を兼ね、ドナウ川を中心とした中央ヨーロッパに覇をとなえていた。

あるころパッサウに
ひとりの司祭がいた

そんな歌い出しで、中世ドイツの叙事詩『ニーベルンゲンの歌』に町の繁栄が語られている。

ドイツとオーストリアの国境にあって、イン、ドナウ、イルッの三つの川がここで合わさる。ドナウがヨーロッパの大河になるのは、パッサウを過ぎてからだ。そしてはるばると黒海までの旅をつづけている。

洪水の高さを示す壁面

川が交通と交易の舞台だったころ、パッサウは関税でうるおった。川沿いに頑丈な石組みを築いて、その上に建物をたてた。舌のようにつき出た中洲《なかす》の先端まで建物で埋まっていて、全体が巨大な石の軍艦のように見える。

ときおり大洪水にみまわれた。そんなときは高台の教会に避難した。都市の規模にくらべて教会が法外に大きいのは、ふところが豊かだったことと共に、いざというときの避難所を兼ねていたからだ。水がひいたあと住人がもどってくると、冠水したところまで壁が変色していて、ひと目でわかる。そこに線を引き、年号を刻みつけた。だから川に近い家々には、壁に何本もの線と数字が、まるで不思議な暗号のようについている。

イルツ川は北のボヘミア山地から下ってきた。ドナウ川は西のシュヴァーベン・アルプスの山並みに発している。イン川は南の雄大なアルプス山系よりはじまっている。三つの川が合わさるから、ここには六つの川岸があるわけで、たえず石段を上り下りしなくてはならない。自動車は入口までで、あとは荷物を背負っていく。ここでは中世のころと同じように、丈夫な脚がものをいう。車の警笛におびやかされる恐れがない。路地のあいだに、いつも流れくだる水がのぞいている。

イン川は青い。ドナウ川は褐色《かっしょく》をしている。イルツ川は灰色だ。高台から見下ろすと、ドナウよりインのほうがずっと川幅があって、水量も豊かである。主流と支流は、何を基準にして決められるのだろう。もしかすると、シュトラウスの名曲は「美しく青きイン」となるべきではなかったのか。イン川は大河のお株をドナウ川に奪われ、パッサウどまりの支流になった。

ベルヒテスガーデン

ドイツには十二の国立公園がある。オーストリアとの国境、三角頭を突き出したような形をしたのがベルヒテスガーデン国立公園で、面積二百十平方キロ。「カルクアルペン」とよばれているのは、カルク（石灰岩）より成るアルプスの峰々がつらなっているからだ。最高峰をヴァッツマンといって、標高二七一三メートル。石灰岩質は溶けやすいので、岩が尖《とが》り、ニョキニョキとそそり立っているのが無気味である。そのせいか、「ヴァッツマン伝説」がつたわっている。むかし、ヴァッツマン王という者がいて、ベルヒテスガーデン一帯を治めていた。性あくまでも冷酷で、その非道ぶりに人々は苦しんだ。

ある日、王は馬を走らせ、面白半分に農婦を踏みつぶした。死のまぎわに農婦が恨みをこめて「石になれ」と叫んだところ、即座に王は石となってヴァッツマン山ができた。

巨大な岩石が生み出した幻想だろう。とりわけヴァッツマン東壁は、カミソリで削《そ》いだような切り立った崖《がけ》で、見上げるだけで足がふるえる。ロッククライマーが挑戦して、一八八一年にようやく初登頂者が出た。それからでも九十人あまりの死者をかぞえ、「魔の東壁」

とよばれている。

麓《ふもと》の湖ケーニヒスゼーから山頂まで標高差二千メートル。十二世紀に建てられたバルトロメウス教会があるだけで、規制がきちんと守られているせいだろう、湖の水は澄みきっていて、いまも飲める。バルトロメウスの霊水である。

峰々は恐ろしげだが、リンゴ畑のつづく麓から山腹にかけてはのどかである。とりわけ初夏の山歩きにいい。ドイツ人は「ムルメルティーア」というが、リスに似た小さな動物が、すぐかたわらにあらわれる。濃い茶色をしていて、あと脚で立ち、前脚を前で握って、口をモグモグ動かしている。ムルメルは「つぶやく」といった意味で、何やらひとりごとをつぶやいているようでもあれば、お祈りのことばをささやいているようでもある。

運がいいとアルプス山羊《やぎ》の群れと出くわせる。うしろに半円を描いたツノをもち、岩場も軽々と跳びこえていく。動物には国境といった面倒なものはないから、平気でドイツとオーストリアを往き来している。

土産店をのぞくと、金色の小さな玉を数珠《じゅず》つなぎにしたのを売っている。山ユリの一種だと思うが、ドイツ語で「チュルケンブント（トルコ人のターバン）」といって、夏になると、いっせいに赤い花をつける。花の形が、なるほど、トルコ人が頭に巻いたターバンと似ている。球根が歯のはえるお守り。

その球根のイミテーションである。歯のはえかかった幼児が首にかけて、おばあさんにつれられていく。高地の空気は澄み返っていて、陽ざしが眩《まぶ》しい。だから、みんな、目を細めて歩いている。

ガルミッシュ＝パルテンキルヒェン

オーストリアとの国境近くにガルミッシュ＝パルテンキルヒェンという長い名前の町がある。冬にはスキー競技の舞台になるので、ごぞんじの向きもあるだろう。もともとは二つの町だった。一九三六年、冬季オリンピックの会場になったとき、ときのナチス政権によって強引に合併させられた。

一つになっても、合成したりしてへんてこな名前にはしない。ハイフンで結んで、旧来の地名をきちんとのこしている。名前が消えると、歴史がわからなくなるからだ。

石炭質の山が白い頂きをのぞかせている。町全体が公園のように緑が多い。中心部には十八世紀そのままの美しい通りがのこっている。そして家々の窓には、あふれるほどの花がある。

二百年あまり前に、民家の壁に絵を描く風習がはじまった。代々の壁絵描きがいて、腕を振るってきた。素朴な宗教画や風景画、またグリム童話の場面もある。壁を見て歩くだけで夢のような一日が暮れていく。

観光地として知られたところだが、ミュンヘンからの高速道路は町の手前十キロほどのところでプッツリと切れる。町の人々が拒否したからだ。より多くの観光客が来てくれるのはありがたいが、それよりも自分たちの生活環境のほうが大切だ。発展するのはうれしいが、それは一定の範囲にとどめておく。

何よりも自分たちの町であって、自分たちが町を守る。環境は自分たちでつくっていく。そのための権限が市民の手にあり、地域の行政にゆだねられているからこそ実現した「ノー」だった。

すでに七十年ちかくも一つの町であり、境界といっても小川一つきりなのだが、町の人にいわせると、ガルミッシュとパルテンキルヒェンとは、全然ちがうそうだ。言葉までちがっている。

「空気もね、ちがうんです」

宿の主人はそういって、クンクン辺りを嗅《か》ぐしぐさをした。何時間も隣町の空気を吸っていると体調がへんになる。

ヘーガウ地方

地図をひらくとひと目でわかるが、南ドイツのボーデン湖から西にかけて、ドイツとスイスの国境が複雑に入りくんでいる。大きなイガイガが互いに頭突きをくらわせ、からまり合っているぐあいだ。イガイガの尖《とんが》りの一つにのっかったのがジンゲンの町で、その辺一帯は「ヘーガウ地方」とよばれている。

独特の風土をもったところで、地理学では「モラッセ」というそうだが、アルプスの第三紀層がつくった。緑色の広大な紙をひろげたような平地に、点々と大きな岩山が突き出ている。平地は住みやすい。岩山は、いざというときの避難所になる。そのため先史時代から人々が住みついてきた。国境がむやみに入りくんでいるのは、古くからの取り決めや、慣習や、力関係がはたらいてのことにちがいない。

ヘーガウ地方は「民話の宝庫」とよばれてきた。特異な地形がやしなってきたものであって、それが人々の想像力を刺激したのだろう。グリム童話よりもずっと古い形の、わが国の『遠野物語』にあたるような民話がどっさり伝わっている。愛すべき地の霊や木の霊が人々の暮らしのなかに生きていた。「ホーエンクレーエン山（大がらす山）」には「ポッペレ」とよばれる山の精たちがいた。背丈が子供のようにちいさくて知恵があり、地中に埋もれた宝のありかを知っている。

　この地方の岩山は、よく見ると明るい灰色、あるいは茶色がかった色をしている。硬度が高くて、小石を打ち合わせると鈴のような澄んだ音がする。そんな音がギリシャ神話を連想させたようで、ギリシャ語を借りて「フォノリート」とよばれている。音をたてる石、「響石」といった意味である。

　先史時代は神々が戦ったり、愛し合ったりしたが、人間の時代になると、戦争のときの逃げ場になった。村全体が引っ越してくる。そのための食料と水を貯蔵していた。大ツヴィール山には、いまも古い要塞《ようさい》がのこっている。ドイツ人は人名にちなんで名づけるのが好きだから、星形をしたのがカール稜堡《りょうほ》、城門前の丸くふくらんだところはアウグスタ広場というわけだ。教会の塔ものこっている。三十年戦争のとき、五度にわたって包囲されたが、ねばりづよく持ちこたえた。土地の人が仕事の手をやすめて、自慢ばなしをしてくれる。

　どの山も千メートルに足りないので、中高年の低山歩きにぴったりである。平地に突き出ているので眺望がすばらしい。観光客でこみ合うといったこともない。週末になると、いかにも民話や歴史好きといった感じの老夫婦がのんびりと歩いている。見晴らしのいいところで、お昼を食べている。カメラをもっていても、めったに写真をとらない。目の中に収めているのが、いちばんもちがいいからだそうだ。

メールスブルク

ボーデン湖はその名のとおり湖だが、海の少ないドイツ人には、むしろ海である。また海のように大きく、変化に富んでいる。波おだやかな砂浜もあれば、北欧のフィヨルドのような崖《がけ》もある。

メールスブルク城は、そんな崖の上に建っている。九百年ばかり前にコンスタンツの大司教が建てた。厄介な地形を選んだのは、砦《とりで》として打ってつけであったからだ。事実、メールスブルクは「海の砦」といった意味である。

建物が大きくなり、聖職者がふえるにつれ、出入りの商人が住みついた。高台にあるので「上町」である。ただこちらは荷上げに手がかかるので崖下を埋め立てて、もう一つの町をつくり、「下町」と名づけた。中世のメールスブルクは大司教の庇護《ひご》の下に商人の中継点として重宝がられた。

コンスタンツが新教の都市になったため、司教座が引っ越してきた。「海の砦」が一挙に大聖堂に格上げされた。ちいさな町に不似合いの巨大な建造物が並んでいるのは、そのせいである。三百年ちかく、ボーデン湖を往き来する船を神の城が見守っていた。遠くから見ると、それは水に浮かぶ石の戦艦のようだった。

一八〇三年、司教座がバーデンへ移され、町の繁栄は終わった。ふたたび湖のほとりの砦にもどったが、大きいばかりで何の効用もない。地形のせいで鉄道にも見捨てられた。中世そのまま町が、そっくりのこったのは、こんな歴史のいたずらによる。

旅行者にはありがたいいたずらだ。赤い古風なトンガリ屋根の家並みが、楔形《くさびがた》につづいている。人々は内部は改造しても家並みは手をつけなかった。旧大聖堂のあとに寄宿舎制の学校が入った。かつて司祭の卵たちの寝とまりにしていた部屋がどっさりある。広大な中庭にブドウ酒の貯蔵庫がつくられた。ボーデン湖はオーストリアとスイスとの国境であり、イタリア、フランスも近い。リースリングやブルグンダーといった各地の名酒が船で運ばれてくる。ながらく神さまの軍団の拠点であったせいか、ここに寝かされていると熟成がいいらしい。うまい酒を飲みたければメールスブルクが最高だ。

町のかみ手に小づくりの可愛い館がある。十七世紀に領主が夏の季節用に建てたものだ。のちに女流詩人ドロステ＝フュルスホフが住んでいたので、「ドロステの館」とよばれている。

冬のメールスブルクは、もの静かだ。樅《もみ》の木が美しく飾られ、学校付属の教会からパイプオルガンの音が流れてくる。それが湖に流れていく。風が吹き抜け、波の音がひびいていた。地上にのこされた不思議の宝物《ほうもつ》だ。そのかみの大僧正のように悠然とレストランの玉座にすわり、とっておきの酒をいろいろといただいていると、天地をひとり占めにしたかのようだ。

コンスタンツ

ボーデン湖畔の町コンスタンツは、ドイツきっての古都である。古代ローマの軍団がここに砦《とりで》を築いた。ときの皇帝コンスタンティヌスにちなみ、コンスタンツィア城と命名した。湖の周辺にあって、とりわけ地盤が固く、水害の恐れのない地形を選んでいる。有名な古代ローマの水道や、「すべての道はローマに通じる」道路網にみるように、古代ローマ人は優れた土木技術をもっていた。それが湖のほとりの美しい町並みの生みの親になった。

コンスタンツの旧市街を歩くと、二千年あまりにわたる町の変化がパノラマを見るようによくわかる。砦のあとに、まず教会が建てられた。キリスト教がひろまるにあたり、ローマ軍団の残した通交路が役立った。異教徒の遺産をそっくり布教活動に転用したぐあいである。教会自体が砦のように頑丈で、いかめしい。事実、これは教団の砦だった。ボーデン湖をはさんで、スイス、イタリア、オーストリア、さらにフランスに近い。司教座の都市としてコンスタンツは、ベルンやチューリヒ、またウルムやシュトゥットガルトまでも含みこむ大管区に睨《にら》みをきかせていた。ひとたび戦争が起これば、教会が直ちに戦略上の砦になった。教会の北側は漁師町、商人町、職人町にわかれている。南の広場で市《いち》がたって、渡り職人や行商人が定期的に店をひらいた。旅まわりの劇団が興行をした。これを城壁がとり巻いて人々の生活を守っていた。町の発展につれて、二度にわたり城壁が拡大したのだろう、その跡が二重の環状道路として残っている。いまもライン川の河口にある城門と火薬塔を目じにすると、昔のたたずまいがそっくり再現できるのだ。

高校のときの世界史の時間に「コンスタンツの宗教会議」というのを習った。ふつう私たちが考えるような会議ではなかったようだ。一四一四年から四年間もつづき、その間に宗教者ヤン・フスを異端者と決定して、城門の前で火あぶりの刑にした。十六世紀に司教座がべつの町に移されてから、町はしだいに衰えていった。交通網も変化して、コンスタンツは歴史に見捨てられた。ネルヴァルというフランスの詩人が訪れたときも、ひとけのない、もの静かな町だったのだろう。古代ローマの首都コンスタンティノポリスになぞらえて、「小さな、忘れられた首都コンスタンツ」とよびかけている。

第二次大戦にも、ここだけは無傷だった。赤い屋根の古都には南ドイツにおなじみの民族服がよく似合う。北の岬にヨット・ハーバーがあって、夏のあいだは壮観だ。国々への使者に旅立つ白い船団が勢揃《せいぞろ》いしたかのようだ。

バーデンワイラー

バーデンワイラーは南ドイツの温泉町だ。ドイツの地図では左はしのいちばん下、こぼれ落ちそうなところにあって、フランス国境に近い。スイスへもほんのひと足だ。高台に上がると、すぐ前にライン川が見える。アルザスの野もひろがっている。

北につづく広大な「黒い森」から澄んだ空気が送られてくる。そして至るところに湯水があふれている。バーデンワイラーの湯はリューマチに効く。関節炎、内臓疾患にも効能がある。町全体がゆるやかな斜面にあって陽当たりがいい。しも手にはライン川の支流が流れ、黒い森のゆたかな緑と、澄んだ空気は胸の病《やまい》にいい。十九世紀末からしきりに結核患者用のサナトリウムがつくられた。専門医がいて処方箋《しょほうせん》つきの保養ができる。

一九〇四年五月、一人のロシア人劇作家が、この湯治場にやってきた。現在、バーデンワイラーの人口は三千あまりだが、当時は千人たらずであったらしい。いたって小さな湯治町で、同じく湯治客の一人だった詩人が、バーデン・バーデンと比較しており、「大劇場と室内劇場との違い」があるという。まさにその室内劇場的な小ささが『桜の園』の作者には気に入ったのかもしれない。

つまり、アントン・チェーホフである。チェーホフは大学医学部を卒業した医学博士であって、劇作家になる前は医者をしていた。そのため、ドイツで湯治をはじめるに際しても、いたって冷静だった。この間の生活については、妹マーシャ宛ての手紙にくわしい。朝七時、起床、夜七時の就床まで、ドイツ人医師の処方による日課がつづく。就寝前に安眠用のイチゴ茶を飲む。チェーホフは書き添えている。

「すべてにひどくいんちき療法の匂《にお》いがします」

湯治町からの手紙が、どっさり残っているのは、つまりはそれだけ退屈だったせいだろう。チェーホフは書いている。

「正午と晩の七時に公園で音楽があるだけ。音量は豊かだが、実に才能がない」

やがて妻オリガがやってきた。彼女は数日後、義歯を作ってもらうために、わざわざスイスのバーゼルまで出かけた。つまるところ、はやくも退屈していたからにちがいない。チェーホフは、つましく同じ意味のことを、こう述べた。

「イタリアがひどく恋しい」

バーデンワイラーから目と鼻のところにシュタウフェンという町がある。やはり黒い森のほとりの小さな町であって、ゴシックの教会が美しい。広場の中央に美しい泉があって、澄んだ水があふれている。同じ広場に面して「獅子《しし》亭」という旅館がある。その壁に、こんな文字が刻まれている。

「西暦一五三九年、当地におきて黒魔術師ファウスト博士死せり」

そんな伝説がある。悪魔メフィストフェレスと交わした契約の二十四年が過ぎたため、メフィストが永劫《えいごう》の罰を下した。真夜中ちかくに大きな音がしたそうだ。首をへし折った音であって、そののち悪魔はファウストをひっさらい空中高く飛び去った。

「ファウスト博士終焉《しゅうえん》の地」はこの地方きっての名所であって、退屈した湯治客がきっと一度はやってくる。市庁舎の塔への階段のいちばん上に、いわくありげな足跡が残っている。爪先がカギ状に尖《とが》っているのだ。ファウストをひっさらって空中に飛び立つ際、悪魔が踏んばったしるしだそうだ。

チェーホフは、オリガといっしょにシュタウフェンまで遠出して、メフィストの足跡を見物したりしたのだろうか。手紙のぐあいでは、そんな気晴らしもままならなかったようである。喘息《ぜんそく》は一向におさまらない。結核菌が全身にひろがっていたのだろう、胃が機能を停止して、こころならずも断食を強いられた。『桜の園』の刊行をめぐって出版社同士が小競り合いを演じ、そのとばっちりが田舎の温泉町にまで舞いこんだりした。

温泉医はいろんな治療法をすすめたらしいが、病人自身が、病状をだれよりも正確に知っていた。モスクワへ帰った妻に宛てて最後の挨拶《あいさつ》を送る。その四日後に死去した。

チェーホフから、「すべてにこれっぽちの才も、何の趣味も感じられない」と酷評されたドイツ人だが、何ごとにも律義な彼らは、そのチェーホフのために、かつてのホテルの壁に顕彰の銘板をはめこみ、立派な記念碑を建てた。それは温泉館前の公園にいまもある。

カイザーシュトゥール地方

「皇帝の椅子（カイザーシュトゥール）」とは豪勢な名前である。ドイツ南部、ライン川の上流にそったあたりで、地形から名づけられた。山のかたまりが雄大に盛り上がっていて、なるほど、皇帝の玉座のようだ。

標高のもっとも高いところがトーテンコプフ、「しゃれこうべの頭《かしら》」といった意味で、ドイツ人もなかなか味な名前をつける。

地質学では黄土層といわれるようだ。二十メートルもの厚さで覆《おお》っている。太古のむかし、地下でマグマがしきりに活動していた。それが冷えてかたまったが、いまなお二十度あまりのお湯が出て、あちこちに温泉が点在している。村の一つはバートベルク、つまり「温泉山」である。

ドイツでいちばん暖かい。春風はまっ先に「皇帝の椅子」に吹いてくる。四月の半ばになると、リンゴの木がいっせいに花をつける。虫たちの天国で、記録によると、七百二十八種の蝶がいる。エメラルドトカゲとか、ウスバカマキリもいる。ついでながらドイツ人はウスバカマキリのことを、「ゴッテスアンベーテリン」などというが、「神の礼拝女」という意味だ。どうしてこんな名前がついたのだろう？

カイザーシュトゥール地方を遠望した人は、きっと目をみはる。どこまでも整地されて、段々畑のようにつづいている。「耕して天に至る」のは、わが国の水田ばかりとかぎらない。規模の大きさからいうと、ドイツの段々畑のほうが、はるかに迫力がある。

土が暖かくて、空気が乾いている。秋は霧がたちこめて放熱を防いでくれる。ブドウの栽培にうってつけだ。しかし、歴史はそれほど古くない。リュットという当地出身の医者がいた。その腕をみこまれ、ナポレオンの侍医になり、ナポレオンのイタリア遠征に同行した。

南イタリアの火山地帯にもブドウが実って、上質のワインがつくられている。リュットは故郷にもどると、さっそく植えつけをはじめた。それまで、この地方は貧しいことで知られていた。それが数十年で、極上のブドウ酒の産地になった。ナポレオンのイタリア遠征の副産物であるところがおもしろい。ドイツの文化史を調べていくと、意外なところで人と事件とがつながり合っている。

低地はスモモなどの果樹園、山腹はブドウ畑、高地は森と三分割されている。ブドウ作りをしている農家は五千戸あまりで、一戸あたり二ヘクタールから五ヘクタールと規模が小さい。これだけでは苦しいので、副業をしなくてはならないと、「温泉山」の人がこぼしていた。しかし、みたところ、ちっとも苦しそうでない。赤い屋根の家々は美しく、花にみちていた。金色の夕陽が村の広場にさし落ちるころ、教会の鐘の音が谷あいを流れていく。歴史上の皇帝はあわただしくいなくなったが、民衆の玉座は永遠の相をおびてひろがっている。

あとがき

ドイツへ出かけるたびに、ひそかに心がけていたことがある。自分では「宝もの」と名づけていた。つとめて発見をすること。幸いドイツ語ができるので、その場で確かめられる。あとで調べることもできる。忘れないうちにメモしておいた。

だから、はじめは宝さがしだった。「ドイツ　宝さがし」というタイトルで読売新聞日曜版に連載した。一九九八年六月から二〇〇〇年四月にかけてのこと。活字では足かけ三年、日曜日ごとにドイツ旅行をしていたことになる。気がつくと、少し風変わりな「旅への誘《いざな》い」ができていた。

連載分から三分の一ちかくを捨て、新しく十五の都市を書き足した。北から南への配列になっているが、あまり厳密ではない。地理よりも自分の足跡と旅のルートを優先した。記憶がつながっているからだ。

「町から町へ」と題しているが、旅行業者ではないので、ドイツの町をそっくり網羅しているわけではない。訪ねたが、書かなかったところもある。

一ついばってもいいかもしれない。どこであれよく歩いたこと。すりへった石畳、城壁沿いの坂道、ひっそりとして人影のない田舎道……。自分の足で風景を見つけ、歩きながら考えた。もしこの紀行エッセイに「速度感」があるとしたら、歩行と思考が二人三脚をしたせいのような気がする。

新聞連載のときは喜多木ノ実さんが楽しい画をつけてくれた。彼女はいまアメリカに住んでいる。新書にまとめるにあたっては、中公新書編集部の並木光晴さんのお世話になった。とりわけお二人にお礼を言いたい。どうもありがとう。

二〇〇二年十月十日

池内　紀

池内 紀（いけうち・おさむ）

1940年（昭和15年），兵庫県姫路市生まれ．ドイツ文学者，エッセイスト．2019年８月逝去．
著訳書『海山のあいだ』
『見知らぬオトカム　辻まことの肖像』
『消えた国 追われた人々　東プロシアの旅』
『ことばの哲学　関口存男のこと』
『恩地孝四郎　一つの伝記』
ゲーテ『ファウスト』
『カフカ・コレクション』（全８巻）
ほか

ドイツ 町《まち》から町《まち》へ
中公新書 *1670*

2002年11月25日初版
2019年12月20日７版

著　者　池内　紀
発行者　松田陽三

本文印刷　三晃印刷
カバー印刷　大熊整美堂
製　本　小泉製本

発行所 中央公論新社
〒100-8152
東京都千代田区大手町 1-7-1
電話　販売 03-5299-1730
　　　編集 03-5299-1830
URL http://www.chuko.co.jp/

Published by CHUOKORON-SHINSHA, INC.
Printed in Japan　ISBN978-4-12-101670-6 C1226

中公新書刊行のことば

いまからちょうど五世紀まえ、グーテンベルクが近代印刷術を発明したとき、書物の大量生産は潜在的可能性を獲得し、いまからちょうど一世紀まえ、世界のおもな文明国で義務教育制度が採用されたとき、書物の大量需要の潜在性が形成された。この二つの潜在性がはげしく現実化したのが現代である。

いまや、書物によって視野を拡大し、変りゆく世界に豊かに対応しようとする強い要求を私たちは抑えることができない。この要求にこたえる義務を、今日の書物は背負っている。だが、その義務は、たんに専門的知識の通俗化をはかることによって果たされるものでもなく、通俗的好奇心にうったえて、いたずらに発行部数の巨大さを誇ることによって果たされるものでもない。現代を真摯に生きようとする読者に、真に知るに価いする知識だけを選びだして提供すること、これが中公新書の最大の目標である。

私たちは、知識として錯覚しているものによってしばしば動かされ、裏切られる。私たちは、作為によってあたえられた知識のうえに生きることがあまりに多く、ゆるぎない事実を通して思索することがあまりにすくない。中公新書が、その一貫した特色として自らに課すものは、この事実のみの持つ無条件の説得力を発揮させることである。現代にあらたな意味を投げかけるべく待機している過去の歴史的事実もまた、中公新書によって数多く発掘されるであろう。

中公新書は、現代を自らの眼で見つめようとする、逞しい知的な読者の活力となることを欲している。

一九六二年一一月

中公新書

世界史

e2

2050 新・現代歴史学の名著 樺山紘一編著
2223 世界史の叡智 本村凌二
2253 禁欲のヨーロッパ 佐藤彰一
2409 贖罪のヨーロッパ 佐藤彰一
2467 剣と清貧のヨーロッパ 佐藤彰一
2516 宣教のヨーロッパ 佐藤彰一
1045 物語 イタリアの歴史 藤沢道郎
1771 物語 イタリアの歴史 II 藤沢道郎
2508 貨幣が語る ローマ帝国史 比佐 篤
2413 ガリバルディ 藤澤房俊
2152 物語 近現代ギリシャの歴史 村田奈々子
2440 バルカン—「ヨーロッパの火薬庫」の歴史 M・マゾワー 井上廣美訳
1635 物語 スペインの歴史 岩根圀和
1750 物語 スペインの歴史 人物篇 岩根圀和
1564 物語 カタルーニャの歴史 田澤 耕

1963 物語 フランス革命 安達正勝
2286 マリー・アントワネット 安達正勝
2466 ナポレオン時代 A・ホーン 大久保庸子訳
2529 ナポレオン四代 野村啓介
2027 物語 ストラスブールの歴史 内田日出海
2318 2319 物語 イギリスの歴史(上下) 君塚直隆
2167 イギリス帝国の歴史 秋田 茂
1916 ヴィクトリア女王 君塚直隆
1215 物語 アイルランドの歴史 波多野裕造
1420 物語 ドイツの歴史 阿部謹也
2304 ビスマルク 飯田洋介
2490 ヴィルヘルム2世 竹中 亨
2546 物語 オーストリアの歴史 山之内克子
2434 物語 オランダの歴史 桜田美津夫
2279 物語 ベルギーの歴史 松尾秀哉
1838 物語 チェコの歴史 薩摩秀登
2445 物語 ポーランドの歴史 渡辺克義

1131 物語 北欧の歴史 武田龍夫
2456 物語 フィンランドの歴史 石野裕子
1758 物語 バルト三国の歴史 志摩園子
1655 物語 ウクライナの歴史 黒川祐次
1042 物語 アメリカの歴史 猿谷 要
2209 アメリカ黒人の歴史 上杉 忍
1437 物語 ラテン・アメリカの歴史 増田義郎
1935 物語 メキシコの歴史 大垣貴志郎
1547 物語 オーストラリアの歴史 竹田いさみ
2545 物語 ナイジェリアの歴史 島田周平
1644 ハワイの歴史と文化 矢口祐人
2561 キリスト教と死 指 昭博
2442 海賊の世界史 桃井治郎
518 刑吏の社会史 阿部謹也
2451 トラクターの世界史 藤原辰史
2368 第一次世界大戦史 飯倉 章
2567 歴史探究のヨーロッパ 佐藤彰一

中公新書

現代史

中公新書

社会・生活

- 2484 社会学 加藤秀俊
- 1242 社会学講義 富永健一
- 1910 人口学への招待 河野稠果
- 1646 人口減少社会の設計 松谷明彦 藤正巖
- 2282 地方消滅 増田寛也編著
- 2333 地方消滅 創生戦略篇 増田寛也 冨山和彦
- 2355 東京消滅―介護破綻と地方移住 増田寛也編著
- 2454 人口減少と社会保障 山崎史郎
- 2446 人口減少時代の土地問題 吉原祥子
- 1914 老いてゆくアジア 大泉啓一郎
- 760 社会科学入門 猪口孝
- 1479 安心社会から信頼社会へ 山岸俊男
- 2322 仕事と家族 筒井淳也
- 2475 職場のハラスメント 大和田敢太
- 2431 定年後 楠木新
- 2486 定年準備 楠木新
- 2422 貧困と地域 白波瀬達也
- 2488 ヤングケアラー―介護を担う子ども・若者の現実 澁谷智子
- 1894 私たちはどうつながっているのか 増田直紀
- 2138 ソーシャル・キャピタル入門 稲葉陽二
- 2184 コミュニティデザインの時代 山崎亮
- 2037 社会とは何か 竹沢尚一郎
- 1537 不平等社会日本 佐藤俊樹
- 265 県民性 祖父江孝男
- 2474 原発事故と「食」 五十嵐泰正
- 2489 リサイクルと世界経済 小島道一

中公新書

地域・文化・紀行

t1